Schriften des Rudolf-von-Jhering-Instituts Gießen

herausgegeben von

Prof. Dr. Marietta Auer, M.A., LL.M., S.J.D. (Harvard)
Prof. Dr. Steffen Augsberg
Prof. Dr. Thorsten Keiser, LL.M.
Prof. Dr. Martin Lipp
Prof. Dr. Franz Reimer

Band 1

Michael Kunze

„Lieber in Gießen als irgendwo anders ...“

Rudolf von Jherings Gießener Jahre

Mit einer Bibliographie zu Rudolf von Jhering

Nomos

Die Deutsche Nationalbibliothek verzeichnet diese Publikation in der Deutschen Nationalbibliografie; detaillierte bibliografische Daten sind im Internet über http://dnb.d-nb.de abrufbar.

ISBN 978-3-8487-5487-8 (Print)

ISBN 978-3-8452-9672-7 (ePDF)

1. Auflage 2018

Zum Geleit

Dieser Band enthält die am 5. Juli 2012 im Senatssaal der Justus-Liebig-Universität Gießen gehaltene Rede von Michael Kunze über Jherings Gießener Jahre. Der Rahmen war der Festakt zur Eröffnung des Rudolf-von-Jhering-Instituts für rechtswissenschaftliche Grundlagenforschung der Justus-Liebig-Universität. Die Herausgeber danken dem Redner für seine gleichermaßen informierenden wie inspirierenden Worte und nicht minder für die Überlassung des Textes, der nun an der Spitze der „Schriften des Rudolf-von-Jhering-Instituts" steht. Ferner enthält dieser Band eine von Dr. Thomas Pierson auf der Basis der Vorlage von Frau Dr. Tasia Walter erstellte Jhering-Bibliographie (S. 41 ff.). Die Herausgeber danken Frau Dr. Walter und Herrn Dr. Pierson für diesen nützlichen Wegweiser in die Werke von und über Rudolf von Jhering.

Aufgabe des Rudolf-von-Jhering-Instituts für rechtswissenschaftliche Grundlagenforschung ist – in den Formulierungen der Institutsordnung – an erster Stelle „die wissenschaftliche Forschung auf den Gebieten der historischen, philosophischen und sozialen Grundlagen des Rechts, der Geschichte der Universität Gießen und ihrer Juristischen Fakultät, der Rechtsentwicklung der Stadt Gießen sowie des Lebens und Werks Rudolf von Jherings, insbesondere durch Projektforschung, wissenschaftliche Veranstaltungen und Veröffentlichungen".

Als Institut „für rechtswissenschaftliche Grundlagenforschung" führt das Jhering-Institut einen erfreulich unklaren Begriff im Namen. Was ist rechtswissenschaftliche Grundlagenforschung? Welchen Sinn hat sie, welche Hoffnungen verbinden sich mit, welche Erwartungen lasten auf ihr? Sind den „historischen, philosophischen und sozialen Grundlagen des Rechts" andere Fundamente und Kontexte hinzuzufügen?

„Grundlagenforschung" (*basic research*) ist als Begriff seit den 1950er Jahren populär, meist freilich auf die Naturwissenschaften, nur gelegentlich auch auf die Rechtswissenschaften bezogen. Er lässt sich auf mindestens zwei verschiedene Weisen definieren: als Forschung über das systematische oder methodische Fundament einer Disziplin oder als eine der anwendungsbezogenen Forschung entgegengesetzte („zweckfreie") Forschung. Das erste Verständnis macht den Begriff zu einem romantischen, das zweite zu einem wissenschaftsorganisatorischen, strategischen Begriff, der Freiheit und andere Ressourcen im Blick hat.

Wenn es um rechtswissenschaftliche Grundlagenforschung – verstanden als Grundlagenforschung der Rechtswissenschaften (im Sinne eines *genitivus subiectivus*) – geht, überzeugen beide Lesarten, beide Verständnisangebote nicht. Die Vorstellung, man könne Grundlagen klären und auf ihnen wie auf einem unverrückbaren Fundament dauerhafte Erkenntnisse aufbauen, offenbart eine den Rechtswissenschaften unangemessene szientistische Sicht. Aber auch die Entgegensetzung von zweckfreier und anwendungsorientierter Forschung trifft nicht das Gemeinte; denn dogmatische Forschung diesseits von Grundlagenfragen kann durchaus zweckfrei und ohne Anwendungsorientierung erfolgen.

Was sind die Alternativen? Auf geringerer Abstraktionshöhe und in größerer Annäherung an den juristischen Sprachgebrauch könnte man rechtswissenschaftliche Grundlagenforschung als Forschung in „Grundlagenfächern", als Forschung des Typs „Law & …" (die Liste der hier einfügbaren Begriffe ist lang) oder als „Interdisziplinäre Rechtsforschung" zu definieren versuchen.

Rechtswissenschaftliche Grundlagenforschung sollte gewiss nicht als wissenschaftsstrategischer Begriff verstanden werden, der der Erschließung von Förderquellen oder der effizienten Generierung von Anwendungswissen (oder auch von Kompetenzen) für orientierungssuchende Rechtsanwender dient. Aber auch als Summe kompartimentalisierter Einzelfächer („Grundlagenfächer") überzeugt sie nicht, trüge vielmehr zu einer weiteren Fragmentierung der Wissenschaften bei.

Rechtswissenschaftliche Grundlagenforschung im hier favorisierten Sinne ist vielmehr Forschung, die der Leidenschaft an Grund- und Querschnittsfragen entspringt, und als solche weder bei den klassischen oder neueren Grundlagenfächern (Rechtstheologie, Rechtsethnologie u.a.) noch bei „Law & …"-Ansätzen noch auch in der interdisziplinären Rechtsforschung monopolisiert. Sie akzeptiert, dass ein Phänomen unzureichend erfasst ist, wenn es nur historisch, nur soziologisch, nur anthropologisch, nur theologisch, nur philosophisch erklärt wird.

Nicht zu ihren geringsten Aufgaben zählt die Verungewisserung über die Prämissen unseres Rechtsdenkens, also die ausgesprochenen und, mehr noch, die unausgesprochenen Vorannahmen des positiven Rechts und der Rechtswissenschaften. Wir wollen die dicken Teppiche der Prämissen, über die wir täglich gehen, sichtbar machen, befühlen, vielleicht auch einmal aufrollen, vielleicht durch andere Teppiche ersetzen. Es ist gerade dieses Geflecht, das interessiert: das Geflecht, auf dem wir stehen.

Für die Herausgeber: *Franz Reimer*

Inhalt

„Lieber in Gießen als irgendwo anders…“ Jherings Gießener Jahre

Michael Kunze

Zur Eröffnung des Rudolf-von-Jhering-Instituts für rechtswissenschaftliche Grundlagenforschung in der juristischen Fakultät der Justus-Liebig-Universität Gießen.

Im Juni 1851 erfuhr der junge Kieler Pandektist Rudolf Jhering durch ein Schreiben des Kanzlers der Universität Gießen, dass man ihn auf einen der beiden Lehrstühle für römisches Recht zu berufen gedenke.[1] Der Brief weckte in ihm widersprüchliche Gefühle.

Einerseits freute er sich, dass man um ihn warb. Noch hatte er nicht viel vorzuweisen. Er war 32 Jahre alt und seit sechs Jahren Professor für römisches Recht. Vor Kiel war er ein Semester lang in Basel und zwei Jahre in Rostock gewesen[2]. Außer seiner Dissertation[3] trugen nur zwei Publikationen seinen Namen: Eine Sammlung von Abhandlungen aus dem römischen Recht[4] und die Herausgabe einer Fallsammlung für Studenten zum Gebrauch in praktischen Übungen[5]. Mehr als eigene Reputation empfahl ihn der Ruhm seiner Lehrer; sie hießen Thibaut, Rudorff, Stahl, Savigny und Puchta - Namen, die man ehrfürchtig aussprach. Die Berliner juristi-

1 Laut Mitteilung von Frau Dr. *Eva-Marie Felschow* gehört Jherings Berufungs- und Personalakte leider zu dem im 2. Weltkrieg zerstörten Bestand des Universitätsarchivs Gießen. Der Inhalt des Briefes von Kanzler Johann Michael Franz Birnbaum lässt sich jedoch insoweit aus dem Brief Jherings an Gerber vom 26.6.1851 rekonstruieren. *Mario Losano*: Der Briefwechsel zwischen Jhering und Gerber, Teil 1, Ebelsbach 1984 (Verlag Rolf Gremer) (Im Folgenden zitiert als Losano1). S. 24.

2 Für einen ersten Überblick über Jherings Biographie verweise ich auf meinen Aufsatz *Michael Kunze*: Rudolf von Jhering – ein Lebensbild. In: Rudolf von Jhering. Beiträge und Zeugnisse aus Anlass der einhundertsten Wiederkehr seines Todestages am 17.9.1992, herausgegeben von Okko Behrends. Göttingen 1992 (Wallstein Verlag). S. 11-28.

3 *Rudolf Jhering*: De hereditate possidente. Berlin s.a. (1842).

4 *Rudolf Jhering*: Abhandlungen aus dem römischen Recht. Leipzig 1844 (Breitkopf und Härtel).

5 *Rudolf Jhering* (Hrsg.): Civilrechtsfälle ohne Entscheidungen. Leipzig 1847 (Breitkopf und Härtel).

sche Fakultät, Hochburg der herrschenden „historischen Schule der Juristen“, hatte sein juristisches Wissen und Talent durch Promotion und Habilitation bestätigt[6].

Andererseits: Was sollte er in Gießen? Die hessische Kleinstadt, glaubte er zu wissen, war ein elendes Nest mit 9000 Einwohnern und einer Universität minderen Ranges[7]. In der Hafenstadt an der Förde hatte er nach dem tragischen Tod der ersten Frau eine neue Familie gegründet und Freunde und verständnisvolle Kollegen gefunden. „Alles fesselt mich an Kiel,“ fühlte er, „Neigung, Umgang, Lebensweise.“ Bei dem Gedanken an einen Wechsel nach Gießen spürte er „ein inneres Grauen“[8].

Und doch wollte er nicht einfach ablehnen. Als Student in Göttingen hatte er sich feierlich geschworen, etwas zu werden in dieser Welt[9]. Sein Ehrgeiz verbot ihm, „eine wesentliche Verbesserung“ in seiner Stellung und seinen Möglichkeiten aus Bequemlichkeit „von der Hand zu weisen“[10]. Unter normalen Umständen wäre Gießen keine Verbesserung gegenüber Kiel gewesen, aber die Umstände waren nicht normal. Seit einem

---

6 Jherings Habilitationsschrift mit dem Titel „In wie weit muss der, welcher eine Sache zu leisten hat, den mit ihr gemachten Gewinn heraus geben?“ wurde von Rudorff und Puchta begutachtet. Puchta wagte in seiner Beurteilung die Prognose, dass Jhering einmal „einen bedeutenden Platz unter den deutschen Civilisten“ einnehmen werde. *Archiv der Humboldt-Universität zu Berlin*, Acta: Habilitationen und Nostrificationen, Bl. 74 (Rückseite). Vgl. *Bernd Klemann*: Rudolf von Jhering und die Historische Rechtsschule. Frankfurt/Main 1989 (Peter Lang). S. 78 f.

7 Zu den Kieler Rechtslehrern in der ersten Hälfte des 19. Jahrhunderts gehörten Anton Friedrich Justus Thibaut und Paul Johann Anselm Feuerbach; zu Jherings Kollegen in Kiel zählten Nikolaus Falck und Johann Friedrich Kierulff. *Doderich von Stintzing, Ernst Landsberg*: Geschichte der deutschen Rechtswissenschaft. Abteilung 3, Halbband 2, Text von Ernst Landsberg. Zweiter Neudruck der Ausgabe München 1910. Aalen 1978 (Scientia). S. 83 (Thibaut), S. 124 (Feuerbach), S. 499 (Falck), S. 592 (Kierulff).

8 Brief Jherings an Gerber vom 26.6.1851, Losano1. S. 24.

9 *Universitätsbibliothek Göttingen*. Cod. Ms. Jhering 9 / Großes Notizbuch (21-23): ... „Aber als Surrogat will ich wenigstens eine Idee wieder haben, die mich leitet u(nd) meine ganze Handlungsweise bestimmt, u(nd) dies sei der Ehrgeiz... Ehrgeiz!! Beständige Benutzung der Zeit u(nd) meiner Talente - u(nd) das Vertrauen auf meine moralische u(nd) geistige Kraft ... Stolz u(nd) Anmaßung sei mir stets fremd, aber nie das spannende Gefühl errungener Auszeichnung.“

10 Brief Jherings an Johann Michael Franz Birnbaum vom 24. Juni 1851. *Handschriftenabteilung der Universitätsbibliothek der Justus-Liebig-Universität Gießen*, HS 34d. Abgedruckt in: Rudolf von Jhering. Beiträge und Zeugnisse aus Anlass der einhundertsten Wiederkehr seines Todestages am 17.9.1992, herausgegeben von *Okko Behrends*. Göttingen (Wallstein) 1992, S. 108.

Jahr standen Holstein, Schleswig und Lauenburg unter dänischer Verwaltung. Umsonst hatte man gegen die Einverleibung der Herzogtümer durch den nördlichen Nachbarn protestiert und gekämpft[11], vergebens eine provisorische Regierung in Kiel gebildet und die Preußen zu Hilfe gerufen[12]. Jhering konnte sich damit abfinden, dass seine Regierung in Kopenhagen saß. Nicht aber mit der Ungewissheit über die Zukunft der Universität. Durch die politischen Veränderungen hatte sie ihre bisherige Stellung verloren. Die Zahl der Studenten nahm drastisch ab. Seiner Meinung nach war die Kieler juristische Fakultät ruiniert[13]. Der Ruf nach Gießen bot die momentan einzige Möglichkeit, die unsicheren Verhältnisse hinter sich zu lassen.

Im Widerstreit von Herz und Verstand rang er sich zu einem Kompromiss durch. Er machte die Annahme des Rufs von einer schier unerfüllbaren Gehaltsforderung[14] abhängig.[15] Doch vergebens hoffte er auf Ablehnung. Kanzler Birnbaum akzeptierte, und damit war die Sache entschie-

---

11 An den Unruhen beteiligte sich Jhering nicht. Er hatte den Ruf nach Kiel zwar schon 1848 erhalten, trat die Professur aber erst nach dem Ende der Rebellion zum Sommersemester 1849 an. *Karl Alfred Hall* (Hrsg.): Erinnerungen einer alten Rostockerin an Rudolf von Jhering. In: Göttinger Jahrbücher 1955/56, S. 89.

12 *Nick Svendsen*: The First Schleswig Holstein War 1848-50. Solihull/West Midlands, England 2007 (Helion & Company).

13 Brief Jherings an Gerber vom 4.1.1852, Losano1. S. 40: „Ohne die verdammten Dänen wäre ich nie auf die Idee gekommen, Kiel mit Gießen zu vertauschen, aber die Dänen haben die Frequenz unserer Universität um das Doppelte vermindert und die Aussichten Kiels ruiniert.“

14 Darin drückt sich eine Haltung aus, die Jhering später, nämlich in einem Brief an Oscar Bülow vom 3. Juli 1871, so formulierte: „Ein Professor muss sich gut bezahlen lassen, nicht nur weil er das Geld eben so nöthig hat wie ein anderer, sondern der Wissenschaft wegen, um die Stellung, die den Jüngern der Wissenschaft gebührt, zu signalisieren, u(nd) jeder von uns, der in der Lage ist, muß das Seinige thun, um den Maßstab in die Höhe zu treiben - man erwirbt damit ein Verdienst gegen seine Collegen.“ *Stiftung Preußischer Kulturbesitz Berlin.* Nachlass Jhering. 2h(x) 1880 (Bülow).

15 Mit einer für ihn typischen Aufrichtigkeit schrieb er an den Gießener Kanzler Birnbaum, er verdiene in Kiel 2700 Gulden. Dem Ruf werde er nur folgen, wenn man ihm 3000 bieten würde. „Nun ist es allerdings in Gießen billiger als in Kiel,“ räumte er ein; „schwerlich aber für jemanden, der, wie ich, seine norddeutschen Gewohnheiten selbst trotz erhöhter Unkosten dort beibehalten würde... Hier würde eine Gehaltserhöhung von etwas weniger als 300 Gulden keine beträchtliche Verbesserung für mich sein, bei dem billigeren Leben in Gießen, das ich dabei in Anschlag bringe, ist sie es“. Und als wolle er der Universität die Gründe für eine Ablehnung seiner Forderung bereits vorformulieren, fügte er hinzu: „Daß viele

den. Es nutzte nichts, dass die Kieler Fakultät Versuche unternahm, Jhering zu halten, und seine Kollegen nicht aufhörten, ihn vor der hessischen Universität zu warnen. Der gleichzeitig berufene Carl Friedrich Gerber, ein befreundeter Professor für deutsches Privatrecht in Erlangen, widerrief seine ursprüngliche Annahme, weil er einen Ruf nach Tübingen vorzog. Jhering aber konnte nicht zurück. Seine Auffassung von Anstand und Ehre verbot ihm, sein Wort zu brechen. „Moralisch bin ich gebunden, den Ruf anzunehmen," erklärte er, „und (ich) werde dies tun, selbst wenn Gießen eine Hölle wäre…[16]"

Ein Erkundungsbesuch beruhigte ihn. Zwar war der Eindruck von Menschen und Landschaft in Gießen „recht prosaisch", doch er sah auch das Positive. Er würde sich „jede Verschönerung" seiner Existenz leisten können, denn seine tatsächlichen Einkünfte würden infolge von Nebeneinnahmen das zugestandene Gehalt noch weit übersteigen[17]. In einem der schönsten Gebäude der Stadt, dem „Rosenthal'schen Hause"[18] gegenüber Liebigs altem Laboratorium[19] fand er eine „vortreffliche Wohnung". In bequemer Nähe lag der neue Bahnhof der Main-Weser-Bahn; er würde also an das rasch wachsende deutsche Eisenbahnnetz angeschlossen sein. Auf der Rückreise von seinem ersten Besuch in Gießen machte er in Göttingen Halt und besprach sich mit seinem ehemaligen Lehrer und Freund

---

Notabilitäten auf süddeutschen Universitäten nicht annäherungsweise ein solches Gehalt haben, daß manche der namhaften Pandektisten nie ein solches besessen haben, begründet freilich im vorliegenden Fall ein Mißverhältnis, das sie als Kanzler veranlassen kann, ihre Wahl auf einen anderen zu lenken, nicht aber mich, jene Forderung zu mäßigen. Es ist mir selbst unangenehm, sie so hoch stellen zu müssen, unangenehm namentlich darum, weil ich in den letzten Jahren nichts geleistet habe, daß mich vor dem größeren Publikum legitimieren könnte." Brief Jherings an Johann Michael Franz Birnbaum vom 24. Juni 1851. *Universitätsbibliothek der Justus-Liebig-Universität Gießen.* Handschriftenabteilung. Hs. 34d-I. Abgedruckt in: Rudolf von Jhering. Beiträge und Zeugnisse aus Anlass der einhundertsten Wiederkehr seines Todestages am 17.9.1992, herausgegeben von *Okko Behrends.* Göttingen (Wallstein) 1992, S. 108.

16 Brief Jherings an Gerber vom 8. 8. 1851, Losano1, S. 30.

17 Brief Jherings an Gerber vom 12.10.1851, Losano1, S. 35.

18 Heute Liebigstraße 13.

19 *Friedrich Kraft*: Erinnerungen eines alten Schülers an Professor Dr. Rudolf von Jhering. In: Rudolf von Jhering. 1852-1868. Briefe und Erinnerungen, herausgegeben von *Johannes Biermann.* Berlin (H.W. Müller) 1907, S. 96.

Heinrich Thöl[20], der ihn darin bestärkte, „die Gemüthlichkeit dem Verstande zum Opfer zu bringen“[21]. Der Umzug wurde für Mitte März 1852 geplant[22].

Jhering war nicht der einzige Neuzugang in Gießen. Von den vier Ordinarien der juristischen Fakultät wurden fast gleichzeitig drei ersetzt. Den Lehrstuhl für Deutsches Privatrecht und deutsche Rechtsgeschichte erhielt der vierzigjährige Ludwig Wilhelm Hermann Wasserschleben aus Halle[23]; Jhering und der 38-jährige Ernst Ferdinand Friedrich Wilhelm Deurer[24] übernahmen die Professuren für römisches Recht. Vom alten Personalbestand der Fakultät blieb nur der 60-jährige Inhaber des Strafrecht-Lehrstuhls Johann Michael Franz Birnbaum, der in seiner Eigenschaft als Universitätkanzler mit Jhering verhandelt hatte[25].

Dass die Verjüngung des Lehrkörpers ziemlich genau in der Jahrhundertmitte erfolgte, ist bemerkenswert. Es spiegelt sich darin eine Wende, die damals alle Bereiche des kulturellen Lebens erfasste und in der deutschen Rechtswissenschaft das Ende der Vorherrschaft der sogenannten Historischen Schule einleitete. Denn die Veränderungen in den zwei Jahrzehnten nach der Revolution von 1848/49 betrafen nicht nur und nur selten zuerst die Politik. In nie bekanntem Ausmaß erleichterten technische

---

20 Jhering besuchte als Student in Göttingen Thöls Pandektenpraktikum. In Rostock fanden sich die beiden als Kollegen wieder und waren ab da eng befreundet, wenn auch nicht immer einer Meinung. Zu Johann Heinrich Thöl *Ferdinand Frensdorff* in: Allgemeine Deutsche Biographie. Herausgegeben von der Historischen Kommission bei der Bayerischen Akademie der Wissenschaften. Band 38 (1894), S. 47–52.

21 Brief Jherings an Gerber vom 12.10.1851, aaO., S. 34.

22 Brief Jherings an Gerber vom 26.2.1852, aaO., S. 45.

23 *Roderich Stintzing, Ernst Landsberg*: Geschichte der Rechtswissenschaft, Abt. 3, Halbband 2, Noten, München (R. Oldenbourg) 1910, S. 251.

24 Zu ihm *Mario G. Losano*: Studien zu Jhering und Gerber, Teil 2, Ebelsbach (Rolf Gremer) 1984, S. 350. Im Folgenden zitiert als Losano2.

25 *Ruth Summann-Bowert* in: 375 Jahre Universität Gießen 1607-1982. Geschichte und Gegenwart. Gießen (Verlag der Ferber'schen Universitätsbuchhandlung) 1982, S. 80 f. – Womöglich folgte die großherzogliche Regierung mit dem Generationswechsel einem Rat Justus von Liebigs, der dem Minister von Dalwigk empfohlen hatte, statt hohe Summen für etablierte „Mittelmäßigkeiten“ der Jurisprudenz auszugeben, „talentvolle und strebsame jüngere Kräfte“ anzuwerben. (Aus dem Briefwechsel von Justus von Liebig mit dem Minister Reinhard Freiherrn von Dalwigk, Darmstadt 1903, S. 31, hier zitiert nach *Diethelm Klippel*: Juristischer Begriffshimmel und funktionale Rechtswelt. In: Colloquia für Dieter Schwab zum 65. Geburtstag. Bielefeld (Gieseking) 2000, S. 122).

Erfindungen das Alltagsleben und beschleunigten die Warenproduktion. Handel, Verkehr, Bankwesen wuchsen rasant. Die Naturwissenschaften meldeten eine überraschende Entdeckung nach der anderen. In den Laboratorien der Chemiker wurden komplexe Stoffe in ihre Bestandteile zerlegt und neue Substanzen synthetisch gewonnen. Der medizinische Fortschritt nährte die Hoffnung, dass irgendwann alle Krankheiten heilbar sein würden. Maschinen ersetzten tausendfache Muskelkraft, Dampfbohrer gruben sich in die Erde, Fabrikkamine wuchsen in den Himmel. Die Industrialisierung verwandelte Deutschlands Städte und schuf eine neue Arbeitswelt. All das veränderte, was Menschen hofften, glaubten, fürchteten und wollten. Die Ideen der Romantik galten zunehmend als überholt, man dachte praktischer, realistischer, säkularer. So im Alltagsleben, so in den Geistenwissenschaften. Philosophiegeschichtlich hat Karl Löwith diesen Wandel als „revolutionäre(n) Bruch im Denken des 19. Jahrhunderts" beschrieben[26]. In der Jurisprudenz spürten schon die Zeitgenossen, dass sie eine Wasserscheide überschritten. Man habe, stellte eine 1856 veröffentlichte Schrift fest, einen „Wendepunkt der Rechtswissenschaft" erreicht. Eine junge Generation von Rechtslehrern, so der Autor Johannes Emil Kuntze, verfolge eine neue Richtung, gekennzeichnet durch eine mehr praktische, „naturhistorische" Tendenz[27].

Zu dieser jungen Generation gehört Jhering. Er wird in seinen Gießener Jahren sein juristisches Denken grundlegend verändern, aber das ist ein anderer, weitergehender Umschwung[28]. Als er nach Gießen kommt, gehört er bereits zu den Neuerern. Er ist der Historischen Rechtsschule entwach-

---

26 *Karl Löwith*: Von Hegel zu Nietzsche. Der revolutionäre Bruch im Denken des 19. Jahrhunderts. Zürich (Europa Verlag) 1941.

27 *Johannes Emil Kuntze*: Der Wendepunkt der Rechtswissenschaft. Ein Beitrag zur Orientierung über den gegenwärtigen Stand- und Zielpunkt derselben. Leipzig (J. E. Hinrichs'sche Buchhandlung) 1856, S. 11-15, 49-53.

28 Der „Wendepunkt der Rechtswissenschaft" und „Jherings Wende" werden häufig nicht klar genug unterschieden. Franz Wieacker ist nicht ganz unschuldig daran, weil er brillanter, aber missverständlicher Weise Jherings Entwicklung mit dem geschilderten allgemeinen Wandel gleichsetzte. *Franz Wieacker*: Privatrechtsgeschichte der Neuzeit. 2. Auflage Göttingen (Vandenhoeck & Ruprecht) 1967, S. 451: „In Jherings persönlicher Erfahrung spricht sich ein Schicksal nicht nur seiner Wissenschaft, sondern seiner Zeitgenossen schlechthin stellvertretend aus: die Wendung vom Traum zur Tat haben die meisten ursprünglichen Denker der Jahrhundertmitte mit Glück oder Schauder erfahren."

sen[29], auch wenn er sich noch nicht stark genug fühlt, offen gegen Savigny Stellung zu beziehen[30].

Mit Beginn des Sommersemesters 1852 beginnt er seine Lehrtätigkeit in Gießen mit der Institutionenvorlesung und einem Pandektenpraktikum. Zu den Institutionen, traditionell die Einführungsvorlesung für Erstsemester, schreiben sich 22 zahlende Hörer ein, das Pandektenpraktikum, das sich an fortgeschrittene Studenten wendet, besuchen 15. Das ist ein Erfolg. In Kiel hat Jhering selten mehr als zwölf Hörer gehabt. Für seine erste Pandektenvorlesung im Winter erhofft er sich bis zu vierzig Hörer, eine Zahl, die ihm „ungeheuer“ vorkommt[31].

Seinem Ehrgeiz ist ein großes Auditorium allerdings nicht genug. Jhering will sich in der deutschen Rechtswissenschaft einen Namen machen. Dazu soll ein Manuskript dienen, an dem er seit zehn Jahren arbeitet. Nun will er es fertigstellen. Sein Vorurteil lässt ihn glauben, dass er in Gießen ohnehin nichts Besseres tun könne. Doch nach den Strapazen der Übersiedlung und den anstrengenden ersten Wochen der Eingewöhnung, muss er sich gestehen, dass er sich zuviel vorgenommen hat. Andererseits, so schreibt er Gerber in seinem ersten Brief nach dem Umzug, möchte „ich nicht länger abwarten, der Welt zu zeigen, daß ich in den letzten Jahren nicht stillgestanden bin.“[32] Darum beschließt er, zu veröffentlichen, was er bisher geschrieben hat. So fällt das Erscheinen des ersten Bandes von Jherings „Geist des römischen Rechts auf den verschiedenen Stufen seiner Entwicklung“ in sein erstes Gießener Jahr; drei weitere Bände werden hier entstehen und, obwohl damit noch kein Abschluss erreicht ist, kein weiterer nach seinem Weggang.

---

29 In einem Brief an Gerber vom 28.10.1853, Losano1, S. 86 mokiert sich Jhering über den von ihm abqualifizierten Gustav Lenz, der ihm „die Ehre antut, mich für einen Geistesverwandten zu halten“ indem er ihn der historischen Schule zuweist. – Ein großer Teil der Forschung sieht im Jhering der ersten Phase einen Vertreter der Historischen Rechtsschule (so schon *Ludwig Mitteis*, Allgemeine Deutsche Biographie, Bd. 50, S. 652 ff.), was mit der Einordnung Puchtas als Savignys Nachfolger (*Franz Wieacker*, Privatrechtsgeschichte der Neuzeit, 2. Auflage, Göttingen 1967, S. 398) zu tun hat.

30 Deutlich wird dies durch Vergleich des § 1 von Jherings „Geist der römischen Rechts“ in seiner Urfassung der 1. Auflage mit dem § 1 der zweiten Auflage von 1865.

31 Brief Jherings an Gerber vom 8.5.1852, Losano1, S. 50.

32 Ebenda.

Das Buch steht im Zentrum von Jherings Zukunftsentwurf. Überzeugt davon, dass es die Rechtswissenschaft erneuern wird, sieht er in dem Gelingen nichts geringeres als seine „Lebensfrage". Seine Arbeit daran soll seine Gießener Jahre ausfüllen, um ihn wieder von Gießen zu befreien. „Was ich bisher gethan", weiß er, „ist … zu unbedeutend, als dass ich… darauf die Hoffnung bauen könnte, daß mir eine glänzende Laufbahn bevorstünde". Voraussetzung für die Karriere, die ihm vorschwebt, ist etwas, das er einen „Wurf" nennt. Sollte der „Wurf" misslingen, sagt er sich, hieße das, „lebenslänglich in Gießen zu bleiben"[33].

***

Zur damaligen Zeit waren die Lehrstühle für römisches Recht noch die Zentren der juristischen Ausbildung und Rechtswissenschaft in Deutschland. Doch man musste taub und blind sein, um nicht zu erkennen, dass die Tage des römischen Rechts gezählt waren. Auf die Jurisprudenz kam eine schwere Krise zu.[34] Sie darauf vorzubreiten, war das Gebot der Stunde. Hier sah Jhering seine Aufgabe, hier die Möglichkeit, seiner Wissenschaft einen Dienst zu erweisen[35].

Er glaubte den Ausweg zu wissen. Schon als Privatdozent[36] hatte er, beeinflusst von seinem akademischen Lehrer Georg Friedrich Puchta[37], eine Idee zur Rettung der Jurisprudenz entwickelt. Er wollte die bleibenden

33 Brief Jherings an Gerber vom 8.8.1851, Losano1, S. 32.

34 *Julius von Kirchmann*: Die Wertlosigkeit der Jurisprudenz als Wissenschaft. Ein Vortrag gehalten in der juristischen Gesellschaft zu Berlin 1848. Darmstadt (Wissenschaftliche Buchgesellschaft) 1956. S. 25: „Die Juristen sind durch das positive Gesetz zu Würmern geworden, die nur von dem faulen Holz leben… Indem die Wissenschaft das Zufällige zu ihrem Gegenstand macht, wird sie selbst zur Zufälligkeit; drei berichtigende Worte des Gesetzgebers und ganze Bibliotheken werden zu Makulatur."

35 *Rudolph Jhering*: Geist des römischen Rechts auf den verschiedenen Stufen seiner Entwicklung. 1. Teil Leipzig (Breitkopf und Härtel) 1852, § 1, S. 2. Im Folgenden werden die vier Bände (erschienen 1854, 1858, 1865) kurz als Geist1, Geist2, Geist3 und Geist4 zitiert. Zitate aus späteren Auflagen werden eigens nachgewiesen.

36 Brief Jherings an den Verleger Dr. Härtel vom 27.4.1851. In: *Helene Ehrenberg* (Hrsg.): Rudolf von Jhering in Briefen an seine Freunde. Leipzig 1913 (Breitkopf und Härtel). S. 8. Diese Briefsammlung im Folgenden zitiert als Ehrenberg-Briefe.

37 *Georg Friedrich Puchta*: Cursus der Institutionen. 1. Band. Leipzig (Breitkopf und Härtel) 1841, S. 21 „…dass der individuell-eigentümliche Geist eines Volks sich

und seiner Überzeugung nach überzeitlichen und übernationalen Grundsätze aus dem gewaltigen Stoff der römischen Rechtsgeschichte herausarbeiten, um sie für das kommende Recht zu sichern[38]. Dafür fand er früh die Formel: „Durch das römische Recht über das römische Recht hinaus“. Wenn er auch gelegentlich fürchtete, dass sein Plan zu den Ideen gehörte, die in der Luft lagen[39], zweifelte er doch nie daran, dass die Ausführung nur ihm gelingen konnte. Seine Hauptsorge war, vor ihrer Bewältung zu sterben.[40]

Leser des ersten Bandes des „Geist des römischen Rechts auf den verschiedenen Stufen seiner Entwicklung“, die eine historische Darstellung erwarteten, wurden überrascht. Der Fundus der Geschichte war hier lediglich das Material für eine sogenannte „Naturlehre des Rechts“. In Nachfolge Puchtas[41] glaubte der Autor an ein logisches System juristischer Begriffe, nicht als wissenschaftliche Fiktion, sondern als Realität hinter den wechselnden Ausprägungen des Rechts, die sich in der historischen Entwicklung offenbarte. Er war überzeugt davon, diese verborgene Struktur durch seine „naturhistorische Methode“ aufdecken zu können. Wie ein Chemiker wollte er die Rechtsverhältnisse in ihre einfachsten Bestandteile zerlegen, gewissermaßen chemisch analysieren. Aus den gewonnenen Grundelementen des Rechts, prophezeite Jhering, würden sich neue

allmählich dem Einfluss allgemeinerer, über den abgeschlossenen Charakter dieses Volks hinausgehender Gedanken öffnet; denn jede Bildung besteht in der Aufnahme eines Allgemeinen, dass sich mit dem Besonderen vermählt, und dessen natürliche Schroffheit und Isolierung überwindet. Diese Erscheinung wird auch in dem Recht sichtbar, dessen anfängliche strengnationelle Eigentümlichkeit nach und nach durch allgemeinere auf das Rechtsbewusstsein wirkende Elemente gemildert wird... Jedem Volk ist sein Antheil an der Aufgabe gesetzt, die durch die Succession aller Völker gelöst werden soll, auch in dem Recht hat es diese Aufgabe an seinem Theil zu vollenden, es nähert sich diesem Ziel durch die verschiedenen Bildungsstufen, die das Recht bei ihm durchläuft.“ – Siehe auch *Hans-Peter Haferkamp*: Georg Friedrich Puchta und die „Begriffsjurisprudenz“. Frankfurt am Main (Vittorio Klostermann) 2004, S. 343.

38 Puchta, mit dem Jhering über seine Idee sprach, riet ihm ab. Das Thema sei zu weitläufig. Geist1, Vorrede, S.V.

39 Brief Jherings an Gerber vom 12.2.1854. Losano1. S. 98.

40 Brief Jherings an Gerber vom 25.11.1855. Losano1. S. 174: „...oft erfasst mich die Angst, dass ich früher abgerufen werden möchte, als bis ich wenigstens die Hauptsachen absolvirt habe, und dieser Gedanke oder richtiger dies Faktum wäre mir furchtbarer, als der Tod selbst.“

41 *Hans-Peter Haferkamp*: Georg Friedrich Puchta und die „Begriffsjurisprudenz“. Frankfurt am Main (Vittorio Klostermann) 2004, S. 298.

Rechtssätze konstruieren lassen. Dank dieser juristischen Technik wäre die Jurisprudenz in der Lage, Recht im virtuellen Reagenzglas zu züchten: Die Begriffe sind produktiv, behauptete er, sie paaren sich und zeugen neue.[42] Dies war ein Versprechen an die zukünftige Rechtswissenschaft, die Rechtsfragen der sich rasch ändernden Gesellschaft stets zuverlässig beantworten zu können.

Auch nachdem er sich eingelebt hatte in Gießen, kam Jhering mit dem Buch nicht so schnell voran, wie er sich das vorgestellt hatte. Weil er nicht nur von Fachkollegen verstanden werden wollte,[43] feilte er an jedem Satz und war doch nie ganz zufrieden. Ein Gedanke war seiner Überzeugung nach erst dann ganz richtig, wenn er die passenden Worte dafür gefunden hatte[44]. Oft saß er bis ein Uhr nachts über dem Manuskript im zigarrenrauchigen Arbeitszimmer, in dem seine Frau mit einer Handarbeit beschäftigt am Esstisch sitzend ihm still Gesellschaft leistete.

Seine Tage gehörten, jedenfalls im Semester, vor allem den Studenten. Er war mit Leib und Seele Lehrer. Vorlesungen strengten ihn nicht an, nur das Examinieren erschöpfte ihn. Im Hörsaal war er in seinem Element. Manch ein Gießener Student schwärmte noch als alter Mann von Jherings Brillanz[45]. Von Vorlesung im Wortsinne konnte keine Rede sein. Er sprach frei und ging dabei zwischen den Bankreihen auf und ab, hin und wieder den Redefluss unterbrechend, um eine Frage zu stellen. Er kannte den Namen von jedem seiner Studenten. Was ihn interessierte, behandelte er mit ausschweifender Gründlichkeit; alles andere fertigte er mit dem Hinweis auf Puchtas Pandektenlehrbuch ab[46]. Brave Studenten, gewohnt, eine ordentliche Mitschrift zu führen, verzweifelten[47]. Nicht nur, wegen der Un-

---

42 Geist1, § 3, S. 54. Geist3, §§ 38-41, S. 334-414.

43 Geist1, § 1, S. 4 f.

44 *Rudolf Leonhard*: Ein Nachruf für Jhering und Windscheid, S. 256.

45 *Karl Wieland*: Andreas Heusler und Rudolf von Ihering. Gedenkrede anlässlich der Feier von Andreas Heuslers 100jährigem Geburtstag (30. September 1934). Basel (Helbing & Lichtenhahn) 1935, S. 6.

46 *Göttinger Zeitung* v. 18. 9. 1932. Artikel eines nicht näher zu identifizierenden ehemaligen Studenten Jherings namens Krüger: Rudolf von Jhering zu seinem 40. Todestag.

47 *Christian Jäde* (Hrsg.): Rudolf von Jhering-Pandektenvorlesung nach Puchta. Ein Kollegheft (von Paul Angelus Schlippe) aus dem Wintersemester 1859/60. Götingen (Wallstein) 2008, S. 13-16. In der *Universitätsbibliothek der Justus-Liebig-Universität Gießen*, Handschriftenabteilung, befinden sich zwei weitere Vorlesungsnachschriften (Pandecten und Institutionen nach Jhering von Louis Joeckl, stud. jur.) Hs NF75-1 und 2.

geordnetheit des Vortrags. Jherings Intensität und seine Zwischenfragen hielten sie vom Schreiben ab. Dafür steckte er die Studenten mit seiner Begeisterung an. Ihm kam es darauf an, in seinen Hörern die Liebe zur Jurisprudenz zu wecken. Das Detailwissen sollten sie sich aus Lehrbüchern holen. „Wer es nicht bereits getan hatte,“ berichtet einer seiner Gießener Hörer, „beeilte sich, sobald er in Jherings Schule trat, das bisher Versäumte nachzuholen und sich in die Pandekten und den corpus juris gehörig einzuarbeiten, um sich vor Jhering und den übrigen Zuhörern nicht zu blamieren.“

Geradezu legendär wurde Jherings Gießener Pandektenpraktikum, das schon in Kiel ein großer Erfolg gewesen war[48]. Studenten das frisch erworbene Wissen an realistischen Fällen erproben zu lassen, war damals noch ziemlich ungewöhnlich.[49] Als lockeres Kolloquium mit Rede und Gegenrede war das Pandektenpraktikum ein ideales Forum für Jherings Art zu lehren. Alleswisser brachte er durch eine knappe Bemerkung zum Stottern, Schüchterne ermunterte er durch Bestätigung, Abschweifungen beendete er durch einen Scherz. Gerne schickte er auch ein älteres Semester oder einen Doktoranden hinters Katheder, um ihn die Rechtslage erörtern zu lassen. „Er selbst“, so ein Teilnehmer, „setzte sich unter die Korona, reizte diese zur Opposition und freute sich königlich, wenn dem Vortragenden so zugesetzt wurde, dass er die Waffen strecken musste“[50]. Wenn Jhering dann seine eigene Meinung kund tat, herrschte andächtiges Schweigen. Wies danach ein bedauernswerter Teilnehmer darauf hin, dass man auch eine andere Meinung vertreten könne, konnte Jhering scharf und ungerecht werden. Er lobte selten. Gipfel der Anerkennung war der Satz: „Sie haben die Vorstellung!“

Seine Sicherheit als Lehrer und Gutachter beruhte auf einem stupenden Wissen. Im Universum des römischen Rechts war er zuhause, und wenn er darüber sprach, geriet er ins Schwärmen. Ähnlich wie Kant, der das mora-

---

48 Das Pandektenpraktikum war auf wöchentlich 4 Stunden angesetzt. 21 zahlende Hörer und 5 Gäste nahmen daran teil. Pro Person betrug das Honorar 16 Gulden. Hörerlisten und Hörgeld-Abrechnungen vom Sommersemester 1843 bis Wintersemester 1867. *Universitätsbibliothek Göttingen*, Cod. Ms. Jhering 7/Nr. 3.

49 Jhering kannte diese Form des Unterrichts aus seiner Studentenzeit in Göttingen, wo er das Pandektenpraktikum des damaligen Privatdozenten Heinrich Thöl besuchte.

50 *Max Rümelin*: Rudolf von Jhering. Rede gehalten bei der akademischen Preisverleihung am 6. November 1922. Tübingen 1922 (J.C.B. Mohr [Paul Siebeck]), S. 30.

lische Gesetz mit dem gestirnten Himmel verglichen hatte, sah er im „sittlichen Planetensystem“ einen „glänzenderen Beweis der göttlichen Weltleitung als in allem, was man der äußeren Natur entnehmen kann“. In seinen Augen war die Geschichte des Rechts ein „unübertroffenes Kunstwerk“.[51]

Ihm fehlte in Gießen ein Gleichgesinnter. Umso intensiver war die Korrespondenz mit Carl Friedrich Gerber, der, obwohl Germanist, mit System und Methode der römischen Jurisprudenz arbeitete. Jherings Reduzierung des römischen Rechts auf seine allgemeingültigen Prinzipien lag ganz auf seiner Linie, nicht nur, weil auch er Schüler und Verehrer von Puchta war[52]. Gemeinsam entschlossen sich die beiden zur Herausgabe der „Jahrbücher für die Dogmatik des heutigen römischen und deutschen Privatrechts“. Der erste Band erschien 1857 und enthielt einen programmatischen Aufsatz von Jhering über seine und Gerbers Bestrebungen. Die Probleme der Gegenwart verlangten, die bloß „receptive“ Richtung in der Rechtswissenschaft durch eine „productive Jurisprudenz“ zu ergänzen. Mit dem „Mumien-Cultus“ der Vergangenheit müsse Schluss sein; es gelte, die römischen Rechtsprinzipien dem modernen Rechtsleben dienstbar zu machen. Notwendig sei die Annäherung der Wissenschaft an das Leben. Und deswegen werde sich der Kampf zwischen der alten und neuen Richtung auf dem Gebiet der Dogmatik entscheiden[53].

Jherings Arbeiten für die „Jahrbücher“ erwiesen ihn als phantasiereichen und fachkundigen Dogmatiker. Berühmt und lesenswert sind bis heute seine Beiträge zur „Lehre von der Gefahr beim Kaufcontract“ und die Abhandlung über „culpa in contrahendo oder Schadensersatz bei nichtigen oder nicht zur Perfection gelangten Verträgen“. Er fand Lösungen für Probleme, die andere noch nicht einmal sahen. So in seinen Untersuchungen zur „Lehre von den Beschränkungen des Eigentümers im Interesse des Nachbarn“, zur „Rückwirkung rechtlicher Tatsachen auf dritte Personen“ und zu den „passiven Wirkungen der Rechte“.

---

51 Geist1, S. 54 f.

52 Losano2, S. 6.

53 *Rudolph Jhering*: Unsere Aufgabe. In: Jahrbücher für die Dogmatik des heutigen römischen und deutschen Privatrechts. 1. Jahrgang, Bd. 1, S. 1-52. Auch in *Rudolf von Jhering*: Gesammelte Aufsätze aus den Jahrbüchern für die Dogmatik des heutigen römischen und deutschen Privatrechts. Neudruck der Ausgabe Jena 1881 Aalen (Scientia) 1969. Bd. 1, S. 1-46.

Der Bezug zur Praxis war ihm immer wichtig. Für die regelmäßige Berührung mit wirklichen Rechtsfällen sorgte in Gießen die Spruchtätigkeit der Fakultät. Nach dem gemeinen Prozess musste eine Auskunft über die richtige Anwendung einer Norm oder eines wissenschaftlichen Lehrsatzes aktenkundig sein, weshalb die Gerichte Prozessunterlagen schwieriger Fälle zur Begutachtung an eine Universität ihrer Wahl schickten[54]. Aus diesem Grund war Jhering in Gießen mit der Begutachtung zahlreicher Zivilrechtsstreitigkeiten befasst, die der Fakultät vorgelegt wurden.

Einer dieser Fälle[55] veränderte sein Denken. Im Dezember 1858 hatte er über die Klage einer englischen Handelsfirma zu entscheiden, die einem norddeutschen Kohlehändler einige Tonnen Koks einer bereits abgefertigten Schiffsladung verkauft hatte. Vor dem Auslaufen des Schiffs veräußerte ein reisender Vertreter der Firma, der von dem Teilverkauf nichts wusste, die gesamte Schiffladung an einen anderen Käufer. An diesen war das Schiff unterwegs, als es in einen Sturm geriet und sank. Nun wollten die Engländer vom ersten Käufer das Kaufgeld. Auch wenn das Schiff auf dem Weg zu dem zweiten Käufer untergegangen sei, müsse der erste Käufer den Kaufpreis entrichten. Der Verkäufer einer doppelt verkauften Sache, die durch Zufall zerstört werde, könne sich an jeden der beiden Käufer halten. Das ergebe sich aus dem römischen Recht. Zur Stützung dieser Ansicht wurde auf einen wissenschaftlichen Aufsatz verwiesen.

Schon beim ersten Durchlesen des Klagebegehrens wehrte sich Jherings Rechtsgefühl dagegen. Die englische Firma hatte den Anspruch des ersten Käufers auf die Lieferung der Kohle durch den Verkauf an einen zweiten – wenn auch unwissentlich – ignoriert und die Erfüllung unmöglich gemacht. Und nun sollte der Untergang des Schiffes ihr das Recht geben, den Kaufpreis von dem ersten Käufer zu fordern, für den die Fracht gar nicht mehr bestimmt war? Das konnte nicht rechtens sein. Wer als wissenschaftlicher Autor zu einem solchen Ergebnis kam, musste sich geirrt haben. Das Problem: der Autor, auf dessen Autorität sich die Klägerin stützte, hieß Rudolf Jhering.

Es ging nicht nur um die Korrektur eines Irrtums. Sein juristisches Weltbild geriet ins Wanken. Bis zu diesen Dezembertagen war er von der inneren Vernünftigkeit des Rechts überzeugt gewesen. Schließlich hatte er

54 *Franz Wieacker*: Rechtsgeschichte der Neuzeit unter besonderer Berücksichtigung der deutschen Entwicklung. 2. neu bearbeitete Auflage. Göttingen 1967 (Vandenhoeck und Rupprecht). S. 181.

55 *Universitätsbibliothek Göttingen*. Cod. Ms. Jhering 8 und 10.

in seinem „Geist des römischen Rechts“ der Logik und Konsequenz des Systems der Rechtsbegriffe die Bedeutung von Naturgesetzen zuerkannt. Jeder entdeckte Rechtssatz existierte seiner Überzeugung nach unabhängig von den sozialen und ideellen Anforderungen an das Recht, einfach „deshalb, weil er nicht nicht-existieren kann“. Eine so verstandene Jurisprudenz konnte nur durch fehlerhaftes Konstruieren einen Rechtssatz produzieren, der „falsch“ war. Doch Jhering hatte, daran zweifelte er nicht, in seiner theoretischen Erörterung der doppelt verkauften und zufällig untergegangenen Sache die „juristische Logik“ richtig angewendet.

Um seinem Rechtsgefühl genüge zu tun, fand er Gründe, die Gefahr des zufälligen Untergangs in diesem Fall dem Verkäufer zuzuschreiben. Er musste sich aber eingestehen, dass seine Rechtsfindung nicht in logischer Konsequenz aus den Quellen abgeleitet war. Vielmehr war er von dem gefühlt richtigen Ergebnis im Krebsgang zurückgegangen, um passende Argumente dafür zu finden. In einer dogmatischen Aufarbeitung des Falles für seine „Jahrbücher“ gab er dies erstaunt zu. Nach dem intuitiven Erkennen des richtigen Urteils sei ihm hier nur noch die „untergeordnete und praktisch… völlig einflußlose Frage“ nach der juristischen Konstruktion geblieben[56]. Handwerk also, nicht Wissenschaft.

Achtzehn Monate nach der Bearbeitung des Falles veröffentlichte Jhering anonym in der Preußischen Gerichtszeitung eine beißende Kritik an der Jurisprudenz seiner Zeit. Darin machte er sich auch über sich selbst lustig. Die zivilistische Konstruktion versuche, der leblosen Masse des überlieferten Rechts „durch irgendeinen mystischen Vorgang“ Leben einzuhauchen, wodurch die Begriffe produktiv würden, sich mit ihresgleichen begatteten und Junge kriegten. Und er setzte noch eins drauf: „Die Spekulation fängt da an, wo der gesunde Menschenverstand aufhört; um sich ihr widmen zu dürfen, muss man entweder nie Verstand gehabt, oder ihn verloren haben“[57].

---

56 *Rudolph Jhering*: Beiträge zur Lehre von der Gefahr beim Kaufcontract. In: Jahrbücher für die Dogmatik des heutigen römischen und deutschen Privatrechts. Bd. 3 (1859), S. 291-326.

57 „Vertrauliche Briefe über die heutige Jurisprudenz. Von einem Unbekannten.“ Veröffentlicht in der Preußischen Gerichtszeitung. Zitiert nach dem Nachdruck in: *Rudolf von Jhering*: Scherz und Ernst in der Jurisprudenz. Eine Weihnachtsgabe für das juristische Publikum. 13. Auflage. Leipzig (Breitkopf und Härtel) 1924, Zweiter Brief, S. 34.

Wenig später warf er den Deckmantel der Anonymität ab und bekannte sich offen zu seiner Abkehr von der Konstruktionsjurisprudenz. Man könne die Jurisprudenz nicht in eine Mathematik des Rechts umdeuten. Denn: „Das Leben ist nicht der Begriffe, sondern die Begriffe sind des Lebens wegen da“. Freimütig gab er zu, dies im Überschwang des „Konstruierens“ vergessen zu haben. Die Überschätzung des logischen Elements sei ein Fehler gewesen[58]. Diese Selbsterkenntnis veranlasste ihn zu einem Umdenken, das ihn nach Jahren der Unsicherheit zu einer neuen Erklärung von Recht und Rechtsgefühl führen sollte[59] .

***

Es dauerte lang, bis Jhering in Gießen zuhause war. Doch dann fühlte er sich so wohl, dass er nicht mehr weg wollte. Gerne machte er lange, einsame Spaziergänge[60]; er genoss die Natur und liebte es, im Gehen den Gedanken nachzuhängen. Seine Wohnung, die er mit Frau, Kindern und Dienstboten teilte, lag in einem stattlichen Haus mit einem großen Garten. Bei freundlichem Wetter verließ der Professor sein Arbeitszimmer und erging sich gedankenversunken zwischen Beeten, Wiesenflächen und Obstbäumen. An heißen Tagen verlegte er sein Mittagsschläfchen in eine Hängematte im Schatten alter Bäume.

Die Familie bestand bei Jherings Ankunft aus ihm, seiner Frau Ida und dem einjährigen Hermann. In den folgenden Jahren wuchs sie um die Tochter Helene und die Söhne Friedrich und Rudolf[61]. Jhering war ein strenger, aber liebevoller Vater. Er ließ für seine Kinder ein Blockhaus im Garten errichten und beteiligte sich manchmal an ihren Spielen. Auf einem eigens aufgeschütteten Hügel pflanzte er für jedes Kind ein Bäumchen. Im Juni inszenierte er ein Wettklettern auf den Kirschbaum in der

58 Geist4, S. 502.

59 Die frühere Jhering-Literatur hat Jherings Abkehr von der Konstruktionsjurisprudenz eine Bekehrung, gar ein geistiges Damaskus gesehen (so zuerst *Hermann Kantorowicz*: Iherings Bekehrung. In: Deutsche Richterzeitung vom 15. Januar 1914. VI. Jahrgang Nr. 2, Spalte 84-87). Heutzutage deutet man sie weniger dramatisch als Selbstkorrektur einer allzu einseitigen Sichtweise (*Wolfgang Fikentscher*: Methoden des Rechts in vergleichender Darstellung. Band III. Mitteleuropäischer Rechtskreis. Tübingen (J.C.B. Mohr) 1976. S. 187-202).

60 Brief Jherings an Gerber vom 19.9.1853. Losano1, S. 75.

61 Zwei weitere Söhne starben kurz nach der Geburt.

Mitte des Rasenplatzes.[62] Als die Kinder alt genug für Wanderungen waren, nahm er sie mit auf seine Ausflüge in die Umgebung.

Andererseits verlangte er Pflichterfüllung. Dazu gehörte das Erlernen eines Musikinstruments. „In meinem Haus", pflegte er zu sagen, „herrscht die allgemeine musikalische Wehrpflicht"[63]. Er war selbst ein guter Klavierspieler. Am Sonntagnachmittag durfte nur er ans Klavier. Abends, im Kreis von Familie und Gästen, sorgte er gerne für musikalische Unterhaltung. Es gab auch regelrechte Musik-Soirées bei den Jherings. Mit Kollegen und Studenten bildete der Hausherr zuweilen ein Kammermusik-Ensemble. Angehende Juristen, die Cello oder Violine spielen konnten, hatten ein Stein im Brett bei ihm. Seine Lieblingskomponisten waren Beethoven und Schubert[64].

Unzufrieden mit dem Niveau des lokalen Musiklebens, engagierte sich Jhering im Gießener Musikverein. Er betrieb die Ersetzung eines unfähigen Orchesterleiters und holte Hilfe aus Darmstadt. Schließlich ließ er sich zum Vereinsvorstand wählen und begann neben all seinen anderen Verpflichtungen, Konzertveranstaltungen zu organisieren[65]. Mangels einer angemessenen Hotelunterkunft waren die angereisten Solisten seine Hausgäste[66]. Dank Jhering, schwärmten Musikbegeisterte noch 30 Jahre später[67], erlebte das Gießener Musikleben damals einen „nie gekannten" Aufschwung.

Wenn er Gießen immer noch ein „elendes Nest"[68] nannte, war das ein scherzhaftes Kompliment. Denn er schätzte die Abgeschiedenheit der kleinen Universitätsstadt. Manchmal verwünschte er gar den nahen Bahnhof, weil die Eisenbahn ihm zu oft auswärtige Besucher brachte. Die „stille,

62 *Friedrich von Jhering*: Zur Gießener Wirksamkeit Rudolf von Jherings. In: Rudolf von Jhering (1852-1868). Briefe und Erinnerungen. Berlin (H.W.Müller) 1904, S. 84 f.

63 *Rudolf Leonhard*, Ein Nachruf für Jhering und Windscheid. S. 254.

64 *Friedrich von Jhering*: Zur Gießener Wirksamkeit Rudolf von Jherings. In: Rudolf von Jhering (1852-1868). Briefe und Erinnerungen. Berlin (H.W.Müller) 1904, S. 89.

65 Brief Jherings an Gerber o.D. (1859) Losano1, S. 341 und vom 22. Juli 1859, Losano1, S. 346. - *Friedrich Kraft*: Zur Gießener Wirksamkeit Rudolf von Jherings. In: Rudolf von Jhering (1852-1868). Briefe und Erinnerungen. Berlin (H.W.Müller) 1904, S. 96 ff.

66 Brief Jherings an Gerber vom 7.7.1861, Losano1, S. 425 f.

67 Festschrift und Festprogramm zur Jahrhundertfeier des Gießener Konzertvereins am 20. und 21. Juli 1892, S. 12.

68 Brief Jherings an Gerber vom 15.12.1858, Losano1, S. 300.

einförmige Idylle“ des Orts war genau das, was er zur Fertigstellung des „Geist des römischen Rechts“ brauchte. Und allein darauf arbeitete er hin. Nach wie vor hoffte er auf eine Berufung nach Heidelberg, Bonn oder Berlin. Aber zuerst wollte er sein Werk vollenden[69]. Der „Wurf“ war ihm noch nicht gelungen, auch wenn er oft über dem Manuskript saß und dank der Gießener Ruhe dem ersten Band inzwischen ein zweiter und dritter gefolgt waren. Solange das Werk nicht fertig, der „Wurf“ nicht getan war, wollte er „lieber in Gießen als irgendwo anders“ leben[70]. Langsam befreundete er sich gar mit dem Gedanken, für immer in Gießen zu bleiben[71]. 1864 kaufte er eine große Villa mit Stallungen und Wirtschaftsgärten auf dem Seltersberg, die großbürgerliche Behaglichkeit versprach[72].

Auf repräsentatives Wohnen legte er wert. Immerhin stammte er aus einer Patrizierfamilie, die in seinem Geburtsort Aurich den Status einer Adelsdynastie hatte[73]. Distinguiert war er nicht, und doch eine eindrucksvolle Erscheinung: dunkelbraune Künstlermähne, das Gesicht konturiert von einem sorgsam gestutzten Kapitänsbart, lebhafte Augen hinter den ovalen Gläsern einer Drahtbrille. Um den schmalen Mund ein Lächeln, aus dem man Spott, Ironie oder Distanz lesen mochte[74]. Breitschultrig und untersetzt, wirkte er wegen seines energischen Auftretens urgesund. In Wahrheit plagten ihn ständig irgendwelche Beschwerden, Zahnschmerzen, Schwächeanfällen, „Unpäßlichkeiten“, Hämorrhoiden und Magenschmer-

69 „Wenn ich mir die Möglichkeit eines Rufes denke,“ schrieb er im Mai 1863 an Gerber, „so geschieht es nur mit dem Wunsch, dass sie sich erst verwirklichen möge, wenn ich mit dem Buch fertig wäre“. Brief Jherings an Gerber vom 12.5.1863, Losano1, S. 534

70 Brief Jherings an Gerber vom Dezember 1861, Losano1, S. 451.

71 Brief Jherings an Gerber vom 12.5.1863, Losano1, S. 534.

72 *Friedrich Kraft*: Zur Gießener Wirksamkeit Rudolf von Jherings. In: Rudolf von Jhering (1852-1868). Briefe und Erinnerungen. Berlin (H.W.Müller) 1904, S. 99.

73 *Heinrich Tebbenhof*: Stets dem Vaterland treu gedient. Die Geschichte der Iherings im Wandel der Zeiten. Heimatkunde und Heimatgeschichte. Beilage der Ostfriesischen Nachrichten Nr. 2. 11. Jahrgang 1971.

74 *Wilhelm Trautschold*: Bildnis Rudolf Jhering. Das vermutlich um 1855 entstandene Bildnis befindet sich in Privatbeseitz und wurde 1892 aus Anlass des 100. Todestages von Rudolf Jhering in der Universität Göttingen ausgestellt. Wilhelm Trautschold (1815-1877) wirkte während Jherings Aufenthalt als Universitätsmaler in Gießen. Er schuf in dieser Zeit zahlreiche Professoren- und Studentenbildnisse, unter anderem auch ein Porträt von Justus von Liebig. Außer dem wohl besten Porträt Rudolf Jherings verdanken wir ihm auch ein Porträt von Frau Ida Jhering, geborene Fröhlich.

zen, auch psychische Leiden wie „geistige Lähmung", „Congestion" und Depression. Er neigte, vor allem wenn es mit dem „Geist" nicht voranging, zu Hypochondrie und fürchtete einmal ernsthaft, an Gehirnerweichung zu leiden[75].

Sein Reden war ungestelzt und direkt[76] und vom Dialekt seiner Heimat gefärbt[77]. Standesdünkel und Vornehmtuerei waren ihm verhasst. Was er sagte, war ehrlich bis zur Grausamkeit. Er war ein streitbarer Geist, was unter anderem sein Vermieter zu spüren bekam, den er mehrmals verklagte[78]. Seine Wutausbrüche fürchtete man. Noch neunzig Jahre nach seinem Tod wussten sie in Göttingen, dass er einen puterroten Kopf bekam, wenn ihm jemand widersprach[79]. Im Zorn ließ er sich leicht zu Ungerechtigkeiten hinreißen, die er später bereute[80]. Er konnte boshaft sein[81], doch bösartig war er nicht.

Auch nicht nachtragend. Ein jüngere Kollege, Ernst Immanuel Bekker, hatte Jhering wegen seiner Abkehr von der Historischen Schule in einem Zeitschriftenaufsatz angegriffen. Gutmeinende Bekannte warnten ihn vor

---

75 Brief Jherings an Gerber vom 14.4.1857. Losano1, S. 251.

76 *Rudolf Leonhard*: Ein Nachruf für Jhering und Windscheid. S. 254: „Auch seine Redeweise war urkräftiger und schlichter, als man nach den wohlgeglätteten und blendenden Perioden seiner Schriften erwarten durfte. Wohl sprühten auch seine gesprochenen Worte unausgesetzt zündende Geistesfunken, aber ohne jede kunstvolle Form. In der ungezwungensten Gestalt plauderte er mehr nach der Art des unbelehrten Naturkindes als nach derjenigen eines Mannes der Feder."

77 *Göttinger Zeitung* v. 18.9.1932. Artikel eines nicht näher zu identifizierenden ehemaligen Studenten Jherings namens Krüger: Rudolf von Jhering zu seinem 40. Todestag.

78 Er verlor alle drei Prozesse. *Friedrich Kraft*: Zur Gießener Wirksamkeit Rudolf von Jherings. In: Rudolf von Jhering (1852-1868). Briefe und Erinnerungen. Berlin (H.W.Müller) 1904, S. 96.

79 Davon erzählte mir 1982 *Franz Wieacker*, ein später Nachfolger auf Jherings letztem Lehrstuhl in Göttingen.

80 Dazu *Hermann von Jhering*: Erinnerungen an Rudolf von Jhering. In: Ehrenberg-Briefe, S. 466 f. – Auch bei der Verteidigung seiner wissenschaftlichen Richtung vergriff er sich Kollegen gegenüber manchmal im Ton. Brief Jherings an Windscheid v. 12. November 1862. Ehrenberg-Briefe, S. 150 f.

81 Erwähnenswert seine Selbstcharakterisierung in einem Brief an Lotte Windscheid v. 15.4.1865. Ehrenberg-Briefe. S. 171 f.: „Ich bin ja in der juristischen Welt berüchtigt als ein bissiger, giftiger Patron, ein Kettenhund, der unschuldige Leute, die ihm nahe kommen, ins Bein beißt... Und sodann – ... für einen von Haus aus sehr heftigen, aufbrausenden Menschen, wie mich, ist es nicht gut, wenn er durch Glück und Anerkennung verwöhnt wird, das macht übermütig, reizbar, rücksichtslos."

Jherings Zorn, doch Bekker stieg auf der Reise von Rostock nach Süddeutschland in Gießen aus dem Zug, um seinen Gegener kennen zu lernen. Jhering begrüßte ihn wie einen alten Bekannten, machte mit ihm nach Kaffee und Kuchen einen ausgiebigen Spaziergang und bestand darauf, den Abend mit ihm zu verbringen. „Vor Tisch spielten wir noch Klavier, vierhändig und zweihändig; auf ein paar Minuten ging J(hering) zu den Kindern..., um mit ihnen zu beten. Die Unterhaltung stockte keinen Augenblick: juristisches, rechtsgeschichtliches, die Excerptensammlung zum „Geist“ wurde gezeigt, wenig Politik, aber allerlei anderes, wobei wir uns in der Verehrung für Tacitus, Shakespere(sic!), Beethoven bestens zusammenfanden.“ Erst um drei Uhr morgens ließ Jhering seinen Besucher gehen, begleitete ihn jedoch noch zu seinem Gasthof, wo man so ins Gespräch vertieft war, dass es noch ein paar mal zwischen Jherings Wohnung und der Unterkunft Bekkers hin und her ging[82].

Mit seinen Gießener Freunden, zu denen ein Musiker, ein Chemiker und ein Physiker gehörten, spielte er gerne Whist und Hombre. Sein Weinkeller wurde gerühmt. Die Zahl der auswärtigen Kollegen, die in Gießen Halt machten, um ihn zu treffen, wurde von Jahr zu Jahr größer. Die meisten kannten Jhering von den seit 1860 stattfindenden Juristentagen, die er mit gefördert hatte und regelmäßig besuchte. Seine Freude am geselligen Beisammensein und sein Bedürfnis nach anregendem Gedankenaustausch gerieten dabei in Konflikt mit seinem Pflichtgefühl. Kaum hatte er einen Gast verabschiedet, reute ihn die Ablenkung von der Arbeit an seinem Buch. Ihn tröstete allenfalls, dass er wegen Müdigkeit in der verlorenen Zeit ohnehin nichts Gutes zustande gebracht hätte. Zwei auf der Durchreise befindliche Kollegen lud er einmal mit den Worten ein: „Kommen Sie heute Abend zu mir, ich kann heute doch nichts Vernünftiges mehr anfangen.“[83]

An politischen Ämtern, wie sie sich seine Kollegen Gerber und Wächter aufbürdeten, war er nicht interessiert[84]. Wahrscheinlich benötigte ein

82 *Ernst Immanuel Bekker*: Meine erste Begegnung mit Jhering. In: Ehrenberg-Briefe, S. 103 ff.

83 *Max Rümelin*: Rudolf von Jhering. Rede gehalten bei der akademischen Preisverleihung am 6. November 1922. Tübingen 1922 (J.C.B. Mohr [Paul Siebeck]), S. 321, Anm. 3.

84 Er ließ sich allerdings 1867 als Kandidat für die Wahl zum Ostfriesischen Abgeordneten für den zu konstituierenden Reichstag aufstellen und verlor die Wahl nur knapp. Brief Jherings an August Lammers vom Januar 1867. In: Ehrenberg-Briefe, S. 213 ff.

ostfriesischer Patrizier seines Schlages nicht die Anerkennung durch staatliche Würden. Er war aber auch kein wirklich politischer Mensch, wenngleich er selbstverständlich die politische Entwicklung in Deutschland mit Interesse verfolgte. Im Gießener „Klub“ lagen Zeitungen und Zeitschriften aus, die ihn mit Nachrichten versorgten. Außerdem war er Abonnent der überregionalen „(Augsburger) Allgemeinen Zeitung“. Am leidenschaftlichsten interessierte ihn das politische Schicksal Schleswig-Holsteins. 1864 führte Preußen den zweiten Krieg um die Herzogtümer gegen Dänemark. Diesmal vermied der neue preußische Ministerpräsident Bismarck die Konfrontation mit den europäischen Großmächten. Jhering organisierte in Gießen ein Trüppchen kampfbereiter Studenten zur Unterstützung der Schleswig-Holsteiner, doch bevor es nach Norden marschieren konnte, war Dänemark bereits besiegt[85]. Zu Jherings Ärger wurde Schleswig-Holstein jedoch nicht wieder unabhängig, sondern geriet unter die Vorherrschaft von Preußen und Österreich[86]. Schon zwei Jahre später führten die Spannungen zwischen den beiden deutschen Großmächten bekanntlich zum Krieg. Das mit dem Königreich Italien verbündete Preußen stand einem militärisch schwachen Österreich und den übrigen Staaten des deutschen Bundes gegenüber. Preußische Truppen marschierten im Großherzogtum Hessen ein und erreichten am 16. Juni frühmorgens Gießen. Jhering kam mit den feindlichen Offizieren ins Gespräch und bat sie zum Frühstück; die Soldaten durften sich am Brunnen in seinem Garten erfrischen und wurden mit Zigarren bedacht[87].

***

Die Arbeit an dem Buch war durch seine Beschäftigung mit dem Fall der doppelt verkauften Schiffsladung in eine Krise geraten. Weil Jhering den Glauben an die Unfehlbarkeit der juristischen Logik verloren hatte, sah er „das Ideal, das ich einst im Herzen trug von meinem Buch, zusammengeschrumpft“, ja, er hatte das Gefühl, als wäre der große geistige Bau,

---

85 *Friedrich Kraft*: Erinnerungen eines alten Schülers an Professor Dr. Rudolf von Jhering. In: Rudolf von Jhering. 1852-1868. Briefe und Erinnerungen, herausgegeben von Johannes Biermann. Berlin (H.W. Müller) 1907, S. 99.

86 Brief Jherings an Windscheid vom 30. März 1864. Ehrenberg-Briefe, S. 164 f.: „Die jetzige Zeit bezeichnet eine der bittersten Enttäuschungen meines Lebens.“

87 *Hermann von Jhering*: Erinnerungen an Rudolf von Jhering. In: Ehrenberg-Briefe, S. 448.

an dem er arbeitete und auf den er so stolz war, in die Luft gebaut[88]. Seine Zweifel waren der Anfang eines mehrjährigen Prozesses, den er mit einer Häutung verglich und als „Übergangskrisis“ bezeichnete. „Wie mir scheint“, diagnostizierte er sich selbst, „geht in meinen Ansichten und Neigungen eine Änderung vor sich.“[89] Mit der Entzauberung der juristischen Logik sah er auch Puchta als „Meister und Vorbild der richtigen juristischen Methode“[90] entzaubert. Von ihm hatte er fast alles übernommen, was sein Buch ausmachte: die Idee der ewig wahren Prinzipien im römischen Recht, die Lehre von den Entwicklungsstufen, das Modell eines logischen Systems von Rechtsbegriffen und sogar den Titel[91]. Machte die Weiterführung des Buches überhaupt noch Sinn? Wie ein Kind, das die Enttäuschung über die Fehlbarkeit des Vaters zur Selbstständigkeit zwingt, musste Jhering nun seinen eigenen Weg finden.

Es dauerte zweieinhalb Jahre, bis er die Antwort auf die Frage fand, was an die Stelle der falsifizierten „Konstruktionsjurisprudenz“ treten solle. Nach wie vor glaubte er an „unvergängliche Wahrheiten“[92], die sich in der geschichtlichen Entwicklung offenbaren. Danach zu suchen, blieb seine Aufgabe, sie zu finden, sein Ziel.[93] Sein Anhaltspunkt war das Rechtsgefühl, das ihn im Fall der doppelt verkauften Schiffsladung korrigiert hat-

---

88 Brief Jherings an Gerber vom 6.1.1859. Losano I S. 308.

89 Brief Jherings an Gerber vom 30.1.1859. Losano I. S. 312.

90 *Rudolf von Jhering*: Scherz und Ernst in der Jurisprudenz. Eine Weihnachtsgabe für das juristische Publikum. 13. Auflage. Leipzig (Breitkopf und Härtel) 1924, S. 338.

91 Den Begriff „Geist des römischen Rechts“ oder „Geist des Rechts“ in Bezug auf die römische Jurisprudenz verwendet Puchta mehrfach in den Paragraphen 6 und 7 seines Pandektenlehrbuchs. *Georg Friedrich Puchta*, Pandekten, 7. Auflage. Nach dem Tode des Verfassers besorgt von D. A. Rudorff. Leipzig 1853 (Johann Ambrosius Barth). S. 5 f. und 9. Vgl. Auch Puchtas Diktum „Wir wollen von den Buchstaben frey werden, von dem Geist uns durchdringen lassen“, das seine Entsprechung hat in Jherings Kampfruf: „Durch das römische Recht über das römische Recht hinaus“.- Zu Puchtas Methodik *Hans-Peter Haferkamp*: Georg Friedrich Puchta und die „Begriffsjurisprudenz“. Frankfurt/Main (Vittorio Klostermann) 2004, S. 113 ff.

92 Geist, 1. Auflage 1852, S. 99.

93 Jhering war ein Kind seiner Zeit, aufgewachsen im geistigen Klima der ausgehenden Romantik. Unter seinen Schul- und Hochschullehrer waren Schüler von Schelling und Schleiermacher, die Gedanken von Hegel und Fichte irrlichterten durch akademische Diskussionen, Eichendorff, Novalis und die Brüder Schlegel gehörten zum festen Bestand jeder Hausbibliothek. Über Puchta und Schelling führt die Linie von Jherings Weltbild bis zu Herder zurück. Dem „Gemeinen ein

te. Was war die Grundlage dieses offenbar untrüglichen Instinkts? Um ein gottgegebenes, jedem Menschen angeborenes Urwissen konnte es sich nicht handeln, denn im Laufe der Geschichte änderte sich das Rechtsgefühl mit der kulturellen Entwicklung[94]. Worauf beruhte es dann? Befreit von den Denkvorgaben seines genialen Lehrers kam er auf eine Antwort, die ihn erschreckte.

„Ich habe einige überraschende Dinge gefunden," schrieb er Gerber am 1. August 1862, „über die ich sehr glücklich bin.[95]" Mehr verriet er nicht. Zuerst wollte er die Tragfähigkeit seiner Entdeckung prüfen. Auch acht Monate später rückte er noch nicht heraus damit. „Ich steckte," vermeldete er am 1. April 1863, „diesen Winter in einem Ideenkreis, der, wenn ich ihn ausreichend hätte verfolgen wollen und dürfen, eins der wichtigsten Werke, die je über die Jurisprudenz geschrieben sind, abgeworfen hätte... Es sind Dinge von der äußersten praktischen Wichtigkeit, Gesichtspunkte und Maßstäbe, die das Wesen des Rechts treffen und das Verständniß eines jeden positiven Rechts - nicht bloß des römischen - im höchsten Grad fördern. Das Gefühl von dem hohen Wert dieser Ideen, die ich mit mir herumtrage, lässt mich nicht schlafen und ruhen..."[96]

Gerber durfte rätseln, wovon sein Freund sprach. Wie hätte er sich in diesem Zusammenhang daran erinnern sollen, dass Jhering ihm vor acht Jahren mitgeteilt hatte, „das Material und Gerippe zu einer Lehre vom Interesse" gesammelt zu haben?[97] Diese Notizen über das Interesse spielten bei seiner Suche nach einer neuen Erklärung des Rechts wohl eine Rolle. Denn seine Antwort auf die Frage nach der Natur des Rechtsgefühls war, dass es den über Jahrhunderte erprobten Ausgleich unterschiedlicher Interessen spiegele.

---

hohen Sinn, dem Gewöhnlichen ein geheimnisvolles Ansehn, dem Bekannten die Würde des Unbekannten, dem Endlichen einen unendlichen Schein" (Novalis) zu geben, war ein Bestreben, das in dieser Tradition lag. Jhering teilte die Neigung der im Vormärz aufgewachsenen Deutschen, „dem Werden, der Entwicklung instinktiv einen tieferen Sinn und reicheren Wert zumessen als dem, was ist." (*Friedrich Nietzsche*, in: Die Fröhliche Wissenschaft, Füntes Buch, S. 357).

94 *Rudolf von Jhering*: Über die Entstehung des Rechtsgefühles, mit einer Vorbemerkung und einem anschliessenden Interpretations- und Einordnungsversuch von *Okko Behrends*, Napoli (Jovene) 1986, S. 10 f.

95 Brief Jherings an Gerber vom 1.8.1862. Losano1. S. 487.

96 Brief Jherings an Gerber vom 1.4.1863. Losano1. S. 530.

97 Brief Jherings an Gerber vom 2.1.1855. Losano1. S. 134.

Die Idee warf sich wie ein Alb auf ihn[98]. Er wehrte sich dagegen. Aber da sie nun einmal in seinem Kopf war, gab es „kein Entfliehen mehr“. Sein ganzes Denken drehte sich nur noch um die Verbindung von Recht und Interesse, obwohl er merkte, dass seine „ganze Rechts- u(nd) sittliche Weltanschauung in ihren Grundlagen erschüttert wurde“ und er „mehr als einmal davor zurückschrak, die letzten Consequenzen“ seiner Ansicht zu ziehen.

Das Ergebnis, zu dem er nach Monaten des Forschens und Nachdenkens kam, lautete: „Es gibt kein angeborenes Rechtsgefühl, kein sittliches Gefühl, kein Gewissen, das Gott selbst den Menschen ins Herz gesenkt, sondern alles, was wir so nennen, ist ein Niederschlag der Geschichte, der Mensch bringt nichts mit zur Welt als sich selbst, seinen Selbsterhaltungstrieb, seinen Egoismus – sein Geist, Herz, Gefühl ist nichts als eine unbeschriebene Tafel, in die erst die Geschichte ihre Erfahrungssätze einträgt, Recht, Sitte, Gewissen ist nichts als die historisch gefundene u(nd) erprobte Politik des geklärten, einsichtigen Egoismus...“

Aus diesem Statement, das einem sehr frühen Manuskript zum späteren „Zweck im Recht“ entnommen ist, spricht der ganze Jhering, rücksichtslos ehrlich, apodiktisch, direkt. Nicht mehr Adept und Vollender eines Größeren, wagt er sich mutig auf gefährliches Gelände. Jetzt ist die Wendung vollzogen, die mit der Einsicht in die Fragwürdigkeit der Begriffslogik begonnen hat. Nach drei Jahren des Grübelns und Zweifelns ist es ihm gelungen, „dem bloß negativen Widerspruch die positive Vorzeichnung des richtigen Wegs folgen zu lassen“[99].

---

98 Hierzu und zu Folgendem: *Universitätsbibliothek Göttingen*. Handschriftenabteilung. Cod. Ms. Jhering 16/Nr. 6. Es handelt sich erkennbar um das Urkonzept zum „Zweck“, in hastigen Zeilen auf die Rückseiten der Reinschrift des Manuskripts zum vierten Band des „Geist des römischen Rechts“ geschrieben. Mehrfache Anfänge, Durchstreichungen, Randnotizen verraten Jherings Erregung. Die Datierung ist schwierig. Ein Hinweis auf den erst 1871 erschienen zweiten Band der 3. Auflage der Logischen Untersuchungen Trendelenburgs ist eine Anmerkung, die nachträglich hinzugefügt worden sein dürfte. Stil und Form des Manuskripts deuten auf eine Entstehung um 1865.

99 *Rudolf von Jhering*: Scherz und Ernst in der Jurisprudenz. Eine Weihnachtsgabe für das juristische Publikum. 13. Auflage. Leipzig (Breitkopf und Härtel) 1924, S. 338 f.

Es bleibt das Gefühl, eine verbotene Grenze überschritten zu haben[100]. Erst zwei Jahre nach seiner Entdeckung der „Grundsätze und Wahrheiten" von Recht und Rechtsgefühl[101] bekennt er sich im vierten Band des „Geist des römischen Rechts" dazu. Dazu zwingt ihn die Planung des Werkes. Als Teil der „Charakteristik des spezifisch römischen oder strengen Rechtssystems" hatte er vorab angekündigt, in einem zweiten Abschnitt „Ziel und Produkt des Willens: das Recht im subjektiven Sinne" untersuchen zu wollen. Doch seine Auffassung von 1854, dass das Recht ein Produkt der „Thätigkeit des Willens" sei, entsprach nun nicht mehr seiner Überzeugung. Daher streicht er nun den Titel „Theorie des subjektiven Willens" und ersetzt ihn durch die Überschrift „Allgemeine Theorie der Rechte".

Es ist also nicht so, dass die „Theorie der Rechte" zu Jherings Beschäftigung mit dem Interesse führte. Es war umgekehrt. Seine Beschäftigung mit dem Interesse verlangte eine neue Theorie der Rechte. Darin distanzierte er sich von der ganz herrschenden Meinung, die das Recht als „ein abgegränztes Stück Willenssubstanz"[102] definierte, und behauptete Unerhörtes: „Die Rechte sind nicht dazu da, um die Idee des abstrakten Rechtswillens zu verwirklichen, sondern um den Interessen, Bedürfnissen, Zwecken des Verkehrs zu dienen…[103] Rechte sind rechtlich geschützte Interessen."[104]

Heutzutage fällt es schwer, das Skandalöse dieser Ansicht zu erkennen. Zwar rekurrierte die Jurisprudenz der 19. Jahrhunderts nicht mehr auf die Bibel und das ius divinum, aber sie sah wie schon Kant übereinstimmend den tiefsten Ursprung jeder Pflichtbindung in der menschlichen Persön-

---

100 *Universitätsbibliothek Göttingen*. Handschriftenabteilung. Cod. Ms. Jhering 16/Nr. 6: „Ein so abschreckendes Resultat, welches das Heiligste im Menschen in Frage stellt, das dem Glauben aller Völker u(nd) der übereinstimmenden Lehre der Wissenschaft aller Zeiten Hohn spricht? Ich habe ganz dasselbe Gefühl gehabt, als ich es erst fand, aber dasselbe hat später einem völlig anderen Platz gemacht."

101 *Rudolf von Jhering*: Über die Entstehung des Rechtsgefühles, mit einer Vorbemerkung und einem anschliessenden Interpretations- und Einordnungsversuch von *Okko Behrends*. Napoli (Jovene) 1986, S. 10.

102 Geist, 3,1 (4. Band), 1. Auflage 1865, S. 540 mit einer Auflistung der „gangbaren Definitionen", u.a. von Arndts, Windscheid und Puchta, in Anmerkung 438.

103 Geist, 3,1 (4. Band), 1. Auflage 1865, S. 546.

104 Geist, 3,1 (4. Band), 1. Auflage 1865, S. 547.

lichkeit[105]. Moral und Recht verstand man als Ausdruck der spezifisch menschlichen Fähigkeit, sich unabhängig zu machen von der Natur. Darin sah man geradezu die wesentliche Unterscheidung von Mensch und Tier. Jherings Definition brach mit der Verknüpfung des Rechtsbegriffs mit dem von der Sinnenwelt angeblich nicht abhängigen Persönlichkeitskern. Mit dem Interesse verwendete er einen Begriff der Erfahrungswelt. Damit war das Recht aus dem Bereich der intellegiblen Welt genommen. Sowohl für das religiöse als für das kantianisch geprägte Empfinden bedeutete das nichts weniger als eine Entwürdigung des Menschen, eine Entweihung, einen Tabubruch[106]. Nebenbei war es auch eine machtvolle Deklamation der Abkehr von Puchta[107].

Am 7. August 1865 legte Jhering dem von ihm begründeten[108] „Hessischen Juristentag“ ein bedrucktes Faltblatt mit „Thesen... über das Verhältnis des Rechts und Interesses“ vor[109]. Wie sie aufgenommen wurden,

---

105 *Immanuel Kant*: Kritik der praktischen Vernunft. Kants Werke. Akademie Textausgabe Bd. 5. Berlin 1968 (de Gruyter; unveränderter Nachdruck von 1908). S. 86 f.: „Pflicht! Welches ist der deiner würdige Ursprung...? Es kann nichts Minderes sein, als was den Menschen über sich selbst (als einen Teil der Sinnenwelt) erhebt, was ihn an eine Ordnung der Dinge knüpft, die nur der Verstand denken kann, und die zugleich die ganze Sinnenwelt... unter sich hat. Es ist nicht anders als die *Persönlichkeit*, das ist die Freiheit und Unabhängigkeit von den Mechanism der ganzen Natur...“

106 Ein Tabubruch, der noch späte Nachbeben auslöste. Vgl. Das harte Urteil von Erik Wolf über Jherings „völlige Umwälzung aller bisher das Recht tragendenden Werte“ in: *Erik Wolf*: Große Rechtsdenker der deutschen Geistesgeschichte. 4. Auflage. Tübingen 1963 (J.C.B. Mohr). S. 652.

107 In Frontstellung gegen das Vernunftrecht des 18. Jahrhunderts definiert Puchta das subjektive Recht als Konkretisierung der menschlichen Freiheit, die ohne Gott nicht denkbar sei. „Erst durch das Dasein Gottes erhält die menschliche Freiheit ihre innere Bestimmung... Der concrete Begriff der menschlichen Freiheit ist... die Wahl zwischen Gut und Böse... Vermöge der Freiheit ist der Mensch Subject des Rechts. Seine Freiheit ist das Fundament des Rechts, alle Rechtsverhältnisse sind ein Ausfluss derselben.“ *Georg Friedrich Puchta*: Cursus der Institutionen. 8. Auflage. Erster Band. Leipzig (Breitkopf und Härtel) 1875, S. 6.

108 Brief Jherings an Windscheid vom 10.9.1865. Ehrenberg-Briefe, S. 181 ff.

109 *Universitätsbibliothek Göttingen*. Handschriftenabteilung. Cod. Ms. Jhering 16/Nr. 8. Die Ausgangsthesen Jherings lauteten: „1. Alle Privatrechte haben den Schutz von Interessen (vermögensrechtlichen oder sonstigen) zum Zweck; der Begriff des Privatrechts im subjectiven Sinne beruht auf den beiden Momenten: Interesse und Selbstschutz (eigene Thätigkeit des Berechtigten, vor allem Civil-

ist nicht überliefert[110]. Gegen den Vorwurf, seine Auffassung verletze die „Heiligkeit des Sittlichen“, wusste er sich zu wehren. „Anstelle der Natur, die angeblich die sittlichen Wahrheiten in den Menschen gelegt hat,“ stellte er klar, „ist für mich die Geschichte getreten. In beiden sehe ich die Offenbarung Gottes. Ich betrachte Gott als den letzten Urgrund alles Sittlichen. Aber ich bin nicht der Ansicht, dass Gott sich bloß in der Natur zu offenbaren hat, sondern erst recht in der Geschichte…“[111]

An der Überzeugung, dass sich unvergängliche Wahrheiten in der Menschheitsgeschichte manifestieren, hat Jhering immer festgehalten. Einem weitverbreiten Missverständnis entgegen war er auch nach seiner

---

klage). 2. Der Maßstab, nach dem die Gesetzgebung die Frage, welche Interessen in dieser Form d.h. als Privatrechte zu schützen seien, zu entscheiden hat, bestimmt sich in Gemäßheit dieser beiden Momente einerseits nach der sittlichen oder ökonomischen Schutzwürdigkeit und Schutzbedürftigkeit derselben, andererseits nach der praktischen Möglichkeit des Schutzes in Form der Klage. Rechte, an die sich kein gerechtfertigtes Interesse knüpft, soll die Gesetzgebung nicht zulassen. Das römische Recht hat diese Gränze genau inne gehalten. 3. Mit der kulturhistorischen und ökonomischen Erweiterung des Interessenhorizontes erweitern und verfeinern sich auch die Rechte.“

110 Seine engsten wissenschaftlichen Weggefährten waren befremdet. Gerber, der im Recht den Ausdruck der „unmittelbar wirksame(n) und lebendige(n) Kraft des menschlichen Willens“ sah (Carl Friedrich Gerber: System des Deutschen Privatrechts. Jena 1850. S. XXIV), stellte nach der Lektüre der „Theorie der Rechte“ fest, dass die Jahre, in denen er und Jhering ohne persönliche Berührung miteinander gewesen seien, zu seinem schmerzlichen Bedauern ausgereicht hätten, ihre wissenschaftliche Standpunkte völlig auseinanderzubringen. Windscheid, verbindlicher im Ton und unter Betonung des Einverständnisses mit andern Teilen des vierten Bandes, ignorierte die Dramatik der neuen Definition mit der Bemerkung, formal richtig könne das Recht letzten Endes immer nur als „Wollen dürfen“ definiert werden, worauf Jhering replizierte: „Bei der Bildung und dem Zuschnitt der Rechte hat nicht die Idee der Willensmacht, sondern die des ökonomischen oder ethischen Interesses zu Rate gesessen; nachdem sie gebildet waren, möge immerhin der Willensbegriff ihm das juristische Gewand umhängen, aber ein produktives Prinzip ist er nicht gewesen…Kurz, der Willensbegriff ist ein rein formales Prinzip, das Interesse aber ein materielles…“ (Brief Brief Jherings and Windscheid vom 18.4.1865. Ehrenberg-Briefe, S. 178).

111 *Rudolf von Jhering*: Über die Entstehung des Rechtsgefühles, mit einer Vorbemerkung und einem anschliessenden Interpretations- und Einordnungsversuch von Okko Behrends. Napoli (Jovene) 1986, S. 12.

Wendung alles andere als ein „Positivist“[112]. Vielmehr sah er seine Lebensaufgabe nach wie vor darin, die bleibenden, jeder gesetzlichen Willkür resistenten Prinzipien des Rechts für Gegenwart und Zukunft zu sichern. Seine Gießener Jahre enden mit der Erkenntnis, dass das Recht selbst zu den unvergänglichen Wahrheiten der Geschichte gehört, ein historisch gewachsenes Kulturprodukt ist.

Auch wenn ihn seine Entdeckung zunächst erschreckte, spürte er doch, dass sich durch sie sein Werk rundete. Obwohl immer noch weit vom Abschluss entfernt, war er zum ersten Mal zufrieden. Nun erlaubte er sich sogar das Gefühl, seine Aufgabe erfüllt und das gesetzte Ziel erreicht zu haben. Seine vier Bände des „Geist des römischen Rechts“ vor Augen, gestand er Gerber: „Ich danke Gott, dass er mich einen solchen Wurf hat tun lassen.“[113]

Plötzlich schien alles zu gelingen. Die neue Einleitung, die er für die Neuauflage des ersten Bandes des „Geist“ verfasste, hielt er für seine Glanzleistung[114]. Er ließ eigens einen Sonderdruck davon herstellen[115]. Vielleicht machte es ihn glücklich, endlich die eigene Stimme gefunden zu haben. Sie sprach mit argumentativer und stilistischer Klarheit und wagte einen Frontalangriff auf „die Richtung in unserer Wissenschaft, welche sich den Namen der historischen beilegte“[116]. Auch in Gießen lief alles

---

112 *Rudolf von Jhering*: Ist die Jurisprudenz eine Wissenschaft? Jherings Wiener Antrittsvorlesung vom 16. Oktober 1868. Aus dem Nachlass herausgegeben und mit einer Einführung, Erläuterungen sowie einer wissenschaftsgeschichtlichen Einordnung versehen von Okko Behrends. Göttingen 1998 (Wallenstein). S. 52: „Dieser Positivismus ist der Todfeind der Jurisprudenz; denn er würdigt sie zum Handwerk herab und ihn hat sie daher zu bekämpfen auf Tod und Leben.“ – S. 55: „(Den Positivismus) zu bekämpfen, darum stehe ich hier, das ist und soll meine Aufgabe sein, solange ich hier wirke.“

113 Brief Jherings an Gerber vom 7. März 1866. Losano1. S. 590.

114 Brief Jherings an Gerber vom 7. März 1866. Losano1. S. 589: „Wäre alles (sc. im „Geist“) so, wie der neue § 1, ich selber würde mich mit der Hoffnung tragen, etwas Unvergängliches geschaffen zu haben.“

115 *Rudolph Jhering*: Bedeutung des römischen Rechts für die moderne Welt. Leipzig (Breitkopf und Härtel) 1865.

116 Ebenda, S. 8. – Eine völlige Überarbeitung des „Geist“ wäre fällig gewesen, aber dazu konnte sich Jhering nicht durchringen. Er beließ es bei einer Durchsicht für die Neuauflage. Brief Jherings an Gerber vom 15.12.1865, Losano1, S. 580 f.: „Es gibt... keine unerquicklichere Aufgabe als ein Werk neu herauszugeben, dass man gern vollständig umarbeiten möchte und doch im Großen und Ganzen nicht umarbeiten darf... man nimmt einen Stein heraus und setzt einen anderen hinein

nach Wunsch. Jherings Pandektenvorlesung war erfolgreicher denn je[117]. Ende März 1866 nahm er sein Anwesen auf dem Seltersberg in Besitz und fand, obwohl er sich jetzt um Beete, Hühner, Bienen, Schweine, Gänse und eine Kuh kümmern musste, seine neue Existenz „unvergleichlich“[118]. Schließlich geriet sein „Herz… in… lauten Jubel“ über den Ausgang der Schlacht von Königgrätz und die zu erwartende deutsche Einigung[119]. Er befand sich in „einer vollkommen heiteren Stimmung“ und hatte nicht die geringste Lust, Gießen zu verlassen[120]. Eine Anfrage des österreichischen Justizministeriums, ob er einem Ruf nach Wien folgen würde, lehnte er „rundweg ab“[121].

Da traf ihn wie ein Blitz ein Schicksalsschlag. Am 3. September 1867 um 3 Uhr früh starb seine Frau Ida an einem Blutsturz[122]. Als während der Trauerzeit eine erneute Anfrage aus Österreich kam, erklärte sich Jhering unter Bedingungen zur Annahme bereit. Wie 15 Jahre zuvor bei der Gießener Berufung stellte er Forderungen, die er selbst für kaum akzeptabel hielt. Doch die Wiener wollten ihn unbedingt haben. „Jacta alea est,“ teilte er am 4. Dezember 1867 seinem Freund Gerber mit. „Ich habe gestern einen Brief… erhalten, worin der Minister mir 5000 Fl. öster(reichisch) Gehalt nebst 600 Fl. Wohnungsentschädigung offerieren läßt… Dabei den Charakter als wirklicher Hofrath – was in Österreich etwas ganz Absonderliches sein muss, denn der Mann hat, wie Siegel mir schreibt, Generalsrang!“[123]

In seiner Antrittrede im großen Hörsaal der alten Wiener Universität äußerte Jhering seine Genugtuung darüber, nun endlich eine glänzende Wirkungsstätte gefunden zu haben. „Und doch, meine Herren,“ fuhr er

---

und infolge davon fangen so und so viele andere an zu wackeln… Es ist ein bitteres Ding, an sich selber zum Henker werden zu sollen und gegen sein eignes Fleisch und Blut zu wüthen.“ - Den Vorsatz, das Werk fertigzustellen, gab er nicht auf. Brief Jherings an Gerber vom 15.11.1866, Losano1, S. 603 und 605. – Brief Jherings an Gerber vom 15.8.1867, Losano1, S. 626: „…ich gedenke den fünften Band meines Geistes diesen Winter ein tüchtiges Stück aus der Stelle zu fördern…“

117 Briefe Jherings an Gerber vom 12.2.1866 und 6.1.1867. Losano1. S. 585 bzw. 614.

118 Brief Jherings an Gerber vom 8.4.1866. Losano1. S. 594 f.

119 Brief Jherings an Gerber vom 24.7.1866. Losano1. S. 599.

120 Brief Jherings an Gerber vom 6.1.1867. Losano1. S. 613.

121 Brief Jherings an Gerber vom 5.11.1867. Losano1. S. 634.

122 Brief Jherings an Gerber vom 4.9.1867. Losano1. S. 634.

123 Brief Jherings an Gerber vom 4.12.1867. Losano1. S. 635.

fort, „so sehr ich mich freue, dass mir endlich im Leben der Genuss zuteil wird zu einem großen Auditorium zu sprechen, ...will ich nicht vergessen, welche innige Befriedigung mir auch die Lehrtätigkeit gewährt hat, der mein bisheriges Leben gewidmet war... Wenn ich stets mich mit Dankbarkeit der Jahre erinnere, die ich unter einer humanen wohlwollenden Regierung in Gießen verbrachte, so hat der Gedanke an so viele treffliche strebsam junge Leute, die ich dort das Glück hatte zu meinen Zuhörern zu zählen, daran nicht den geringsten Anteil. Ich habe dort eine Reihe von Studierenden kennen gelernt, die... mir meine höchste Achtung abgenötigt haben, und die ich nie vergessen werde.[124]“

---

124 *Rudolf von Jhering*: Ist die Jurisprudenz eine Wissenschaft? Jherings Wiener Antrittsvorlesung vom 16. Oktober 1868. Aus dem Nachlass herausgegeben und mit einer Einführung, Erläuterungen sowie einer wissenschaftsgeschichtlichen Einordnung versehen von *Okko Behrends*. Göttingen 1998 (Wallstein), S. 30.

Bibliographie zu Rudolf von Jhering

Thomas Pierson

Die vorliegende Bibliographie basiert auf einer von Frau Dr. Tasia Walter erstellten Vorlage, die sie auf der Homepage des Rudolf-von-Jhering-Instituts für rechtswissenschaftliche Grundlagenforschung online zur Verfügung gestellt hatte. Die vorliegende Fassung wurde vollständig umgearbeitet, umfassend revidiert und ergänzt sowie für den Zeitraum 2008 bis 2016 aktualisiert. Zu diesem Zweck wurden das Werkverzeichnis (I.) und das Verzeichnis der Übersetzungen (IV.) mit den Fassungen von Losano (siehe V. 165) und Mecke (V. 193) abgeglichen.

Weitere Ergänzungen für alle Abschnitte ergaben sich aus einer Durchsicht der Karlsruher Juristischen Bibliographie (KJB) seit 1965 sowie diverser online-Datenbanken (archive.org, jstor, kuselit online und andere) und Bibliothekskataloge (opacs des Max-Planck-Instituts für Europäische Rechtsgeschichte, der Deutschen Nationalbibliothek usw.). Schließlich ergänzte auch die einfache google-Suche das Verzeichnis z. B. um ältere Werkübersetzungen. Dank für wesentliche redaktionelle Hilfe gebührt Frau Ingrid Marx.

Die Bibliographie dient der Orientierung und dem Einstieg; sie erhebt keinen Anspruch auf Vollständigkeit; das Übersetzungsverzeichnis ist ergänzt, aber nicht vollständig verifiziert.

I. Werkverzeichnis

1842

De hereditate possidente, Dissertation Berlin IV, 40 S.

1843*

Die neuern Angriffe auf das römische Recht. I. Der Rationalismus, anonym erschienen, in: Literarische Zeitung 10 (Nr. 58 v. 22. Juli), Sp. 921-927.

Die neuern Angriffe auf das römische Recht. II. Der Purismus, anonym erschienen, in: Literarische Zeitung 10 (Nr. 95 v. 29. November), Sp. 1517-1522.

1844

Die Stellung der Jurisprudenz zur Gegenwart, anonym erschienen, in: Literarische Zeitung 11 (Nr. 7 v. 24. Januar 1844), Sp. 101-105.

Abhandlungen aus dem römischen Recht, Leipzig (Nachdrucke Aalen 1968, 1981), VII, 262 S.

Die historische Schule der Juristen, in: Literarische Zeitung 11 (Nr. 13 v. 14. Februar), Sp. 197-201.

Die historische Schule der Juristen. Umfang ihrer Wirksamkeit, in: Literarische Zeitung 11 (Nr. 26 v. 30. März), Sp. 405-410.

Die historische Schule der Juristen. Charakter ihrer Wirksamkeit, in: Literarische Zeitung 11 (Nr. 27 v. 3. April), Sp. 421-425.

Die historische Schule der Juristen. Übersicht der Leistungen, in: Literarische Zeitung 11 (Nr. 34 v. 27. April), Sp. 533-536.

Die historische Schule der Juristen. Die historische Aussicht und der Fortschritt, in: Literarische Zeitung 11 (Nr. 36 v. 4. Mai), Sp. 565-569.

1845

Römische und moderne Jurisprudenz. I. Die Apotheose der römischen Jurisprudenz, anonym erschienen in: Literarische Zeitung 12 (Nr. 75 v. 20. September), Sp. 1189-1193.

Römische und moderne Jurisprudenz. II. Thätigkeit der Modernen. Die Reproduktion des römischen Rechts, anonym erschienen in: Literarische Zeitung 12 (Nr. 91 v. 15. November), Sp. 1441-1448.

* Für die anonymen Aufsätze 1843-46 ist die Autorschaft von Jhering für 1844 gesichert durch Kunze (V. 127), im Übrigen aber nur erschlossen durch Text- und Stilvergleiche bei Mecke (V. 193) und auch schon Pleister.

1846

Römische und moderne Jurisprudenz. III. Die juristische Kunst. - Die Productivität, anonym erschienen in: Literarische Zeitung 13 (Nr. 5 v. 17. Januar), Sp. 73-80.

Römische und moderne Jurisprudenz. IV. Die Gunst und Ungunst der historischen Verhältnisse. - Die Jurisprudenz als Kunst und Wissenschaft, anonym erschienen in: Literarische Zeitung 13 (Nr. 19 v. 7. März), Sp. 297-304.

1847

Civilrechtsfälle ohne Entscheidungen, Leipzig, XIV, 170 S.

Rez. zu: Über bedingte Traditionen, zugleich als Revision der Lehre von den Wirkungen der Bedingungen bei Verträgen im Allgemeinen. Eine civilistische Erörterung von Dr. Wilhelm Sell, ordent[licher] Professor der Rechtswiss[enschaft] in Zürich, Zürich 1839, in: Kritische Jahrbücher für deutsche Rechtswissenschaft, 11 (1847), 865-909.

Rez. zu: Die formellen Verträge des neueren römischen Obligationenrechts in Vergleichung mit den Geschäftsformen des griechischen Rechts von Dr. R. Gneist [...] Berlin 1845, in: Allgemeine Literatur-Zeitung 2, Nrr. 177 (Sp. 257-261), 178 (Sp. 265-272), 179, (Sp. 279 f.).

1851

Vorrede des Herausgebers, in: Rudolf von Jhering (Hg.): Juristische Encyklopädie, auch zum Gebrauche bei akademischen Vorlesungen von Nils Nikolaus Falk, 5. Aufl. Leipzig.

1852

Geist des römischen Rechts auf den verschiedenen Stufen seiner Entwicklung, Bd. I, Leipzig, XII, 336 S.

1854

Geist des römischen Rechts auf den verschiedenen Stufen seiner Entwicklung, Bd. II 1, Leipzig, VIII, 320 S.

1857

Mitwirkung für fremde Rechtsgeschäfte (Teil 1), in: Jahrbücher für die Dogmatik des heutigen römischen und deutschen Privatrechts 1, 273-350.

Übertragung der Reivindicatio auf Nichteigenthümer (Cession derselben, reiv. utilis, Connossement), in: Jahrbücher für die Dogmatik des heutigen römischen und deutschen Privatrechts 1, 101-188.

Unsere Aufgabe, in: Jahrbücher für die Dogmatik des heutigen römischen und deutschen Privatrechts 1, 1-52.

1858

Geist des römischen Rechts auf den verschiedenen Stufen seiner Entwicklung, Bd. II 2, Leipzig, S. XX, 321-695.

Mitwirkung für fremde Rechtsgeschäfte (Teil 2), in: Jahrbücher für die Dogmatik des heutigen römischen und deutschen Privatrechts 2, 67-180.

1859

Beiträge zur Lehre von der Gefahr zum Kaufcontract (Teil 1), in: Jahrbücher für die Dogmatik des heutigen römischen und deutschen Privatrechts 3, 449-488.

1861

Beiträge zur Lehre von der Gefahr zum Kaufcontract (Teil 2), in: Jahrbücher für die Dogmatik des heutigen römischen und deutschen Privatrechts 4, 366-483.

Culpa in contrahendo oder Schadensersatz bei nichtigen oder nicht zur Perfection gelangten Verträgen, in: Jahrbücher für die Dogmatik des heutigen römischen und deutschen Privatrechts 4, 1-112 (Nachdruck in: Rudolf von Jhering: Culpa in contrahendo/Hermann Staub: Die positiven Vertragsverletzungen. Mit einem Nachwort von Eike Schmidt, Bad Homburg v.d.H. u.a. 1969).

Karl Friedrich von Savigny, in: Die Zeit. Tageblatt für Politik, Handel und Wissenschaft, in: Beilagen Nrr. 180 v. 31.10.1861, 2181 f.; 181 v. 1.11.1861, 2193; 184 v. 5.11.1861, 2229 f.; 185 v. 6.11.1861, 2241.

Friedrich Karl von Savigny, in: Jahrbücher für die Dogmatik des heutigen römischen und deutschen Privatrechts 5, 354-377.

Vertrauliche Briefe über die heutige Jurisprudenz. Von einem Unbekannten, in: Preußische Gerichtszeitung. Organ des deutschen Juristentages 3, 161-163.

Vertrauliche Briefe über die heutige Jurisprudenz. Von einem Unbekannten. Zweiter Brief, in: Deutsche Gerichts-Zeitung. Organ des deutschen Juristentages 3, 341-344.

1862

Der Streit zwischen Basel-Land und Basel-Stadt über die Festungswerke der Stadt Basel. Ein Rechtsgutachten, Leipzig, IV, 52 S.

Die juristische Kunst, in: Deutsche Gerichts-Zeitung. Organ des deutschen Juristentages 4, 197-199, 201-203.

Erwiderung auf das von Heinrich Dernburg, Professor in Halle, in dem zwischen den Kantonen Basel-Landschaft und Basel-Stadt obwaltenden Rechtsstreit über die Festungswerke der Stadt Basel abgestattete Rechtsgutachten, Basel. 61 S.

Vertrauliche Briefe über die heutige Jurisprudenz. Von einem Unbekannten. Dritter Brief, in: Deutsche Gerichts-Zeitung. Organ des deutschen Juristentages 4, 224-227.

1863

Vertrauliche Briefe über die heutige Jurisprudenz. Von einem Unbekannten. Fünfter Brief, in: Deutsche Gerichts-Zeitung. Organ des deutschen Juristentages 5, 81-83.

Vertrauliche Briefe über die heutige Jurisprudenz. Von einem Unbekannten. Sechster Brief, in: Deutsche Gerichts-Zeitung. Organ des deutschen Juristentages 5, 141-147.

Zur Lehre von den Beschränkungen des Grundeigenthümers im Interesse der Nachbarn, in: Jahrbücher für die Dogmatik des heutigen römischen und deutschen Privatrechts 6, 81-130.

Verhandlungen des Dritten Deutschen Juristentages, Zweiter Band, Stenographische Berichte, Berlin, 141, 209-210, 227-229, 265-269.

1865

Bedeutung des römischen Rechts für die moderne Welt. Abdruck aus der unter der Presse befindlichen zweiten Auflage von des Verfassers „Geist des römischen Rechts", Leipzig, 19 S. [Separatdruck].

Bemerkungen zu der Abhandlung I. Über die Lehre von der Versteigerung, in: Jahrbücher für die Dogmatik des heutigen römischen und deutschen Privatrechts 8, 167-178.

Bemerkungen zu obiger Entgegnung, in: Jahrbücher für die Dogmatik des heutigen römischen Rechts 7, 376-394.

Geist des römischen Rechts auf den verschiedenen Stufen seiner Entwicklung Bd. III 1, Leipzig X, 342 S.

Jhering's Geist des römischen Rechts, in: Allgemeine österreichische Gerichtszeitung 16, 195-196, 199-201.

1866

Bedeutung des römischen Rechts für die moderne Welt, in: Allgemeine österreichische Gerichtszeitung 17, 5-6.

Geist des römischen Rechts auf den verschiedenen Stufen seiner Entwicklung [Zweite verbesserte Auflage], Leipzig, Bd. II 1, XXI, 291 S.; Bd. I, XIV, 361 S.

1867

Das Schuldmoment im römischen Privatrecht. Eine Festschrift. Seinem hochverehrten Collegen Johann Michael Birnbaum zur Feier seines fünfzigjährigen Professorenjubiläums am 24. Juni 1867, Gießen, VI, 68 S.

Der Lucca-Pistoja-Eisenbahnstreit. Ein Beitrag zu mehreren Fragen des Obligationsrechts, insbesondere der Theorie des dolus und der Lehre von der Stellvertretung, in: Archiv für praktische Rechtswissenschaften N.F. 4, 225-345.

Der Lucca-Pistoja-Actienstreit. Zweiter Beitrag, betreffend die Frage vom Abschluß der Verträge für, aber nicht auf Namen des Mandanten, in: Archiv für praktische Rechtswissenschaften N.F. 4, 335-344.

1868

Beiträge zur Lehre vom Besitz, in: Jahrbücher für die Dogmatik des heutigen römischen und deutschen Privatrechts 9, 1-196 [Nachdruck Boston, Mass. 2004].

Beiträge zur Lehre vom Besitz, in: Allgemeine österreichische Gerichtszeitung 19, 167 f.

Der Besitz, die Thatsächlichkeit des Eigenthums, in: Allgemeine österreichische Gerichtszeitung 19, 171-173.

1869

Über den Grund des Besitzschutzes. Eine Revision der Lehre vom Besitz, 2. Aufl. Jena (Nachdruck Aalen 1968), VIII, 224 S.

Geist des römischen Rechts auf den verschiedenen Stufen seiner Entwicklung Bd. II 2 [Zweite verbesserte Auflage], Leipzig, S. 293-655.

1870

Civilrechtsfälle ohne Entscheidungen. Zum akademischen Gebrauch bearbeitet und herausgegeben von Rudolf Jhering. Zweite, wesentlich veränderte Auflage, Jena 1870, X, 230 S.

1871

Die Reflexwirkungen oder die Rückwirkung rechtlicher Thatsachen auf dritte Personen, in: Jahrbücher für die Dogmatik des heutigen römischen und deutschen Privatrechts 10, 245-354.

Passive Wirkungen der Rechte. Ein Beitrag zur Theorie der Rechte, in: Jahrbücher für die Dogmatik des heutigen römischen und deutschen Privatrechts 10, 387-586.

Geist des römischen Rechts auf den verschiedenen Stufen seiner Entwicklung Bd. III 1 [Zweite verbesserte Auflage], Leipzig, X, 354 S.

1872

Der Kampf ums Recht, Wien (Nachdruck hg. und mit einem Anhang versehen von Klenner, Hermann, Freiburg 1992; ND der 18. A. Wien 1913 hg. von Ermacora, Felix, Frankfurt 1992), VI, 100 S.

Der Kampf ums Recht. Vortrag des Hofraths Professor Jhering. Gehalten in der Wiener Juristischen Gesellschaft am 11. März 1872, in: Gerichtshalle. Organ für Rechtspflege und Volkswirtschaft 16, 96-99.

1873

Kritisches und Exegetisches Allerlei, in: Jahrbücher für die Dogmatik des heutigen römischen und deutschen Privatrechts 12, 313-398.

Der Kampf um's Recht [Dritte, veränderte und vermehrte Auflage], Wien. 122 S. [Taschenbuchausgabe als 4. Auflage 1874].

Geist des römischen Rechts auf den verschiedenen Stufen seiner Entwicklung [Dritte Auflage], Leipzig 1873, Bd. I, 361 S.; 1875, Bde. II 1 und II 2, insges. 676 S.; 1877, Bd. III 1, 354 S. (im Anhang: Sach- und Quellenregister, LXIV S.).

1876

Civilrechtsfälle ohne Entscheidungen. Zum akademischen Gebrauch bearbeitet und herausgegeben von Rudolf von Jhering [Dritte Auflage], Jena, X, 209 S.

1877

Der Zweck im Recht, Bd. 1, Leipzig, XVI, 557 S.

Kritisches und exegetisches Allerlei, in: Jahrbücher für die Dogmatik des heutigen römischen und deutschen Privatrechts 15, 384-408.

Ein Leben für und durch Andere oder die Gesellschaft, in: Nord und Süd. Eine deutsche Monatsschrift 1, 59-70.

Honorar und Gehalt, in: Nord und Süd. Eine deutsche Monatsschrift 2, 152-171.

Rechtsgutachten in Sachen Stadt Bern contra Centralbahn betreffend Schiessplatz Wylerfeld, Basel. 47 S.

Der Kampf um's Recht [Fünfte Auflage], Wien 1877. 95 S.

Vortrag über den „Begriff des Rechts", gehalten am 14. Oktober 1877 in Prag (zusammenfassende Vortragswiedergabe), in: Tagesbote aus Böhmen (Prag) 16 (Nr. 287) v. 16. Oktober 1877, 2 f.

1878

Bemerkungen zum Rechtsgutachten des Geheimrath Prof. Dr. Bluntschli in Sachen Stadt Bern contra Centralbahn betreffend Schiessplatz Wylerfeld, Basel. 43 S.

Rechtsgutachten in Sachen des Interkantonalen Vorbereitungs-Comité's der Gäubahn gegen die Gesellschaft der Schweizerischen Centralbahn, betreffend die Vollendung und den Betrieb der Wasserfallenbahn und ihrer Fortsetzung von Solothurn nach Schönbühl, erstattet auf Ansuchen des klägerischen Comité's von Rudolf von Jhering, Olten (auch in: Jahrbücher für die Dogmatik des heutigen römischen und deutschen Privatrechts 18 [1880], 1-128).

Ist der ehemalige gutgläubige Besitzer einer fremden Sache verpflichtet, nach deren Untergang dem Eigenthümer derselben den gelösten Kaufpreis herauszugeben? Ein Beitrag zur Lehre von den Grenzen des Eigenthumschutzes, in: Jahrbücher für die Dogmatik des heutigen römischen und deutschen Privatrechts 16, 230-318.

Geist des römischen Rechts auf den verschiedenen Stufen seiner Entwicklung [Vierte Auflage], Leipzig 1878, Bd. I, 361 S.; 1880, Bd. II 1; 1883, Bd. II 2, insges. 674 S.; 1888, Bd. III 1, XXVIII, 397 S.

1879

Agathon Wunderlich. Ein Nachruf, in: Jahrbücher für die Dogmatik des heutigen römischen und deutschen Privatrechts 17, 145-157.

Vermischte Schriften juristischen Inhalts, Leipzig (Nachdruck Aalen 1968), VI, 415 S.

1880

Plaudereien eines Romanisten. Ein Brief an die Redaction als „Einleitung", in: Juristische Blätter. Eine Wochenschrift Nr. 10, 111-113.

Plaudereien eines Romanisten. A. Bilder der römischen Rechtsgeschichte: I. Das Occupationsrecht an herrenlosen Sachen einst und jetzt. Eine romanistische Elegie, in: Juristische Blätter 9 (Nr. 11), 123-125.

Plaudereien eines Romanisten. II. Die Mausefalle des alten Erbrechtes, in: Juristische Blätter 9 (Nr. 12), 135-137.

Plaudereien eines Romanisten. II. Die Mausefalle des alten Erbrechtes. Fortsetzung, in: Juristische Blätter 9 (Nr. 13), 147-149.

Plaudereien eines Romanisten. II. Die Mausefalle des alten Erbrechtes. Fortsetzung, in: Juristische Blätter 9 (Nr. 14), 159-160.

Plaudereien eines Romanisten. II. Die Mausefalle des alten Erbrechtes. Schluss, in: Juristische Blätter 9 (Nr. 15), 171-173.

Plaudereien eines Romanisten. Ein Brief an die Redaction. A. Bilder aus der römischen Rechtsgeschichte. III. Reich und Arm im altrömischen Civilprocess, in: Juristische Blätter 9 (Nr. 23), 269-272.

Plaudereien eines Romanisten. III. Reich und Arm im altrömischen Civilprocess. Fortsetzung, in: Juristische Blätter 9 (Nr. 24), 281-283.

Plaudereien eines Romanisten. III. Reich und Arm im altrömischen Civilprocess. Fortsetzung, in: Juristische Blätter 9 (Nr. 25), 293-295.

Plaudereien eines Romanisten. III. Reich und Arm im altrömischen Civilprocess. Fortsetzung, in: Juristische Blätter 9 (Nr. 26), 305-308.

Plaudereien eines Romanisten. III. Reich und Arm im altrömischen Civilprocess. Schluss, in: Juristische Blätter 9 (Nr. 27), 319-322.

1881

Gesammelte Aufsätze aus den „Jahrbüchern für die Dogmatik des heutigen römischen und deutschen Privatrechts", Jena 1881, Bd. I, VII, 490 S.; 1882, Bd. II, XII, 452 S.; 1886, Bd. III, VI, 464 S. (Nachdruck Aalen 1969).

Das soziale Motiv der Mode, in: Die Gegenwart. Wochenschrift für Literatur, Kunst und öffentliches Leben 20, 113-115.

Die Sitte im Munde der Sprache, in: Nord und Süd. Eine deutsche Monatsschrift 17, 67-80.

Skizzen. Das angeblich gesetzliche Zinsmaximum beim foenus nauticum, in: Jahrbücher für die Dogmatik des heutigen römischen und deutschen Privatrechts 19, 2-23.

Civilrechtsfälle ohne Entscheidungen. Zum akademischen Gebrauch bearbeitet und herausgegeben von Rudolf von Jhering [Vierte Auflage], Jena, X, 203 S.

1882

Das soziale Motiv der Tracht, in: Die Gegenwart. Wochenschrift für Literatur, Kunst und öffentliches Leben 21, 3-5, 36-38.

Aesthetik des Essens und Trinkens, in: Die Gegenwart. Wochenschrift für Literatur, Kunst und öffentliches Leben 22, 179-182.

Das Trinkgeld, Braunschweig, VI, 64 S. (auch erschienen in Westermann's illustrierte deutsche Monatshefte. Ein Familienbuch für das gesamte geistige Leben der Gegenwart 52, 83-100).

Ueber die Umgangsformen, in: Die Gegenwart. Wochenschrift für Literatur, Kunst und öffentliches Leben 22, 307-311.

Die geschichtlich-gesellschaftlichen Grundlagen der Ethik, in: Jahrbuch für Gesetzgebung, Verwaltung und Volkswirtschaft im Deutschen Reiche 6, 1-21.

1883

Der Zweck im Recht Bd. 2, Leipzig. XXX, 716 S.

1884

Rechtsgutachten vom 31. August 1884, in: O. Bähr/R. v. Jhering, Zwei Rechtsgutachten in Sachen der Gotthardbahn-Gesellschaft gegen die Unternehmung des grossen Tunnels (Louis Favre), Luzern, 3-21.

Scherz und Ernst in der Jurisprudenz. Eine Weihnachtsgabe für das juristische Publikum, Leipzig, VIII, 383 S.

Der Zweck im Recht [Zweite umgearbeitete Auflage] Bd. I, Leipzig, XXVIII, 570 S.

Der Kampf um's Recht [Siebente Auflage], Wien, XVIII, 97 S.

Über die Entstehung des Rechtsgefühls, in: Allgemeine Juristische Zeitung 7 (Nr. 11-15), s. u. unter 1965.

1885

Rechtsschutz gegen injuriöse Rechtsverletzungen, in: Jahrbücher für die Dogmatik des heutigen römischen und deutschen Privatrechts 23, 155-338 [teilw. Nachdruck in: Archiv für Urheber- und Medienrecht 2015, 835-850].

Rechtsschutz im Miethverhältniß. Separatabdruck eines Abschnittes aus der in den „Jahrbüchern für die Dogmatik des heutigen römischen und deutschen Privatrechts", Bd. XXIII, S. 155 flg. erschienenen Abhandlung: „Rechtsschutz gegen injuriöse Rechtsverletzungen" von Dr. Rudolf von Jhering mit Zustimmung des Verfassers und Verlegers veranstaltet von Dr. Victor Capesius, Jena, 53 S.

Ausnahmen bestätigen die Regel, in: Die Gegenwart. Wochenschrift für Literatur, Kunst und öffentliches Leben 28 (Nr. 27), 4.

1886

Die active Solidarobligation, in: Jahrbücher für die Dogmatik des heutigen römischen und deutschen Privatrechts 24, 129-186.

Die Wahrheit in der menschlichen Gesellschaft, in: Die Gegenwart. Wochenschrift für Literatur, Kunst und öffentliches Leben 29, 246-248.

Die Jurisprudenz des täglichen Lebens. Eine Sammlung an Vorfälle des gewöhnlichen Lebens anknüpfender Rechtsfragen. Zum akademischen Gebrauch bearbeitet und herausgegeben von Rudolf von Jhering [Sechste Auflage], Jena, II, 96 S.

Der Zweck im Recht [Zweite umgearbeitete Auflage], Bd. II, Leipzig, XXVI, 723 S.

1887

Die Gastfreundschaft im Altertum, in: Deutsche Rundschau 51, 357-397.

Dernburg, Heinrich/Jhering, Rudolf von, Rechtsgutachten in der Sache des Unternehmens des Hafens zu Patras, Berlin, 33 S.

1888

Geist des römischen Rechts auf den verschiedenen Stufen seiner Entwicklung [Vierte Auflage], Bd. III 1, Leipzig, XXXVIII, 397 S.

Civilrechtsfälle ohne Entscheidungen. Zum akademischen Gebrauch bearbeitet und herausgegeben von Rudolf von Jhering [Fünfte vermehrte Auflage], Jena, IX, 269 S.

1889

Der Besitzwille. Zugleich eine Kritik der herrschenden juristischen Methode, Jena (Nachdruck Aalen 1968), XVI, 540 S.

Die Jurisprudenz des täglichen Lebens. Eine Sammlung an Vorfälle des gewöhnlichen Lebens anknüpfender Rechtsfragen. Zum akademischen Gebrauch bearbeitet und herausgegeben von Rudolf von Jhering [Siebente, wesentlich vermehrte Auflage], Jena, II, 124 S.

Das Trinkgeld [Dritte vermehrte Auflage], Braunschweig. VI, 83 S.

1891

Besitz, in: J. Conrad/W. Elster/W. Lexis/E. Loening (Hgg.), Handwörterbuch der Staatswissenschaften. Babeuf - Dutot, Bd. 2, Jena, 406-426.

Geist des römischen Rechts auf den verschiedenen Stufen seiner Entwicklung [Fünfte Auflage], Leipzig 1891, Bd. I; 1894, Bd. II 1; 1898, Bd. II 2; Bd. III 1, 1906 (Neudruck der 4. Auflage).

Scherz und Ernst in der Jurisprudenz. Eine Weihnachtsgabe für das juristische Publikum [Vierte mit Zusätzen versehene Auflage], Leipzig, VIII, 425 S.

1892

Die Jurisprudenz des täglichen Lebens. Eine Sammlung an Vorfälle des gewöhnlichen Lebens anknüpfender Rechtsfragen. Zum akademischen Gebrauch bearbeitet und herausgegeben von Rudolf von Jhering. [Achte, vermehrte Auflage], Jena, II, 132 S.

Scherz und Ernst in der Jurisprudenz. Eine Weihnachtsgabe für das juristische Publikum [Fünfte Auflage], Leipzig (Neudruck der 4. A.; ND der 13. A. 1924, Darmstadt 1992; diverse weitere Ausgaben, z.B. Wien 2009, hg. von Max Leitner).

1893

Der Besitz, in: Jahrbücher für die Dogmatik des heutigen römischen und deutschen Privatrechts 32, 41-98.

Der Zweck im Recht [Dritte durchgesehene Auflage] Bd. 1, Leipzig, XXVIII, 570 S.

Erinnerungen an Bismarck und Savigny, in: Deutsche Dichtung 13, hrsg. von Karl Emil Franzos, 47-80 (47-49).

1894

Entwicklungsgeschichte des römischen Rechts. Einleitung. Verfassung des römischen Hauses. Aus dem Nachlass herausgegeben von Victor Ehrenberg, Leipzig (Nachdruck Berlin 2014), VI, 124 S.

Vorgeschichte der Indoeuropäer. Aus dem Nachlass herausgegeben von Victor Ehrenberg, Leipzig, XIII, 486 S.

1895

Geist des römischen Rechts auf den verschiedenen Stufen seiner Entwicklung [Fünfte unveränderte Auflage] Bd. II 1, Leipzig.

1898

Geist des römischen Rechts auf den verschiedenen Stufen seiner Entwicklung [Fünfte unveränderte Auflage] Bd. II 2, Leipzig (Nachdruck der 5./6. Aufl. 1894-1907, Aalen 1968/93).

Der Zweck im Recht [Dritte Auflage] Bd. II, Leipzig. 723 S.

1920

Recht und Sitte [Bücher der Bildung 9], München (s.d., um 1920).

1965

Der Geist des Rechts. Eine Auswahl aus seinen Schriften (Sammlung Dieterich 297), hgg. u. eingel. v. Fritz Buchwald, Bremen.

Über die Entstehung des Rechtsgefühles, in: Rudolf von Jhering, Der Kampf ums Recht. Ausgewählte Schriften mit einer Einleitung von G. Radbruch, hgg. v. Christian Rusche, Nürnberg, 275-302.

1966

Helfer, Christian (Hg.), Nachgelassene Aphorismen Rudolf von Jherings, in: Archiv für Kulturgeschichte 48 (1), 148-151.

Helfer, Christian, Rudolf von Jhering über das Rechtsstudium, in: Juristenzeitung 21 (Nr. 15/16), 506-509.

1968

Prolegomena zur Philosophie der gemischten Getränke. Aus dem Nachlass hgg. u. eingel. v. Christian Helfer, in: Georgia Augusta. Nachrichten aus der Universität Göttingen 10, 13-36.

Der Takt. Aus dem Nachlaß hgg. u. eingel. v. Christian Helfer, Festgabe zum Jhering-Symposion. Göttingen 9.-12. Oktober 1968 (Nachrichten der Akademie der Wissenschaft in Göttingen. Philologisch-Historische Klasse 1968 Nr. 4). Göttingen.

Rechtsgutachten für das Reichsjustizhauptamt vom 13. März 1887 zum Urheberrecht an Schriftwerken, in: Mario G. Losano, Un inedito di Rudolf von Jhering sulla tutela degli inediti. Appendice. I. Testo tedesco, in: Rivista di diritto industriale 17 (Nr. 1/2), 16-21.

1970

Der Zweck im Recht. Hgg. mit einem Vorwort und mit 2 bisher unveröffentlichten Ergänzungen aus dem Nachlass Jherings versehen v. Christian Helfer, Hildesheim u.a.

Helfer, Christian, Ein Nachtrag Jherings zum „Zweck im Recht“, in: JZ 25, 12-14.

1986

Ueber die Entstehung des Rechtsgefühles, revidierte und mit einigen textkritischen Anmerkungen und Verweisungen versehene Wiedergabe des Vortragsprotokolls vom 12.03.1884, in: O. Behrends (Hg.), in: Ueber die Entstehung des Rechtsgefühles. Mit einer Vorbemerkung und einem anschließenden Interpretations- und Einordnungsversuch von Okko Behrends (Antiqua. Collana diretta da Luigi Labruna 29), Napoli 1986, 7-54.

1998

Ist die Jurisprudenz eine Wissenschaft? Jherings Wiener Antrittsvorlesung vom 16. Oktober 1868. Aus dem Nachlaß hrsg. und mit einer Einf., Erl. sowie einer wissenschaftsgeschichtlichen Einordnung vers. von Okko Behrends, Göttingen 1998 (2. um ein Nachwort erweiterte Auflage 2009).

2004

Soziologische Schriften. Über Mode, Tracht, Essen und Umgangsformen, hgg. v. Klaus H. Fischer, Schutterwald.

2008

Pandektenvorlesung nach Puchta. Ein Kollegheft aus dem Wintersemester 1859/60 (Quellen und Forschungen zum Recht und seiner Geschichte 16), hg. v. Jäde, Christian. Mitgeschrieben von Schlippe, Paul Angelus, Göttingen.

2010

Der Dualismus im gesamten Recht [unveröffentlichtes Manuskript], in: siehe V. 193, 172-224.

Gegensatz der Rechtsbildung des Alterthums u[nd] der modernen Zeit [unveröffentlichtes Manuskript], in: siehe V. 193, 237-249.

2014
Rudolf von Jhering. Recht und Sitte, hg. v. Joseph Bernhart, Berlin 2014.

2015
Gutachten Rudolf Jherings, erstattet in der Rechtssache Pow & Fawcus gegen Brockelmann am 1. Januar 1859, in: siehe V. Nr. 122, 60-88.

II. Briefeditionen

Behrends, Okko (Hrsg.), Briefe von und an Jhering, in: siehe V. 13, 99-118.

Biermann, Johannes (Hrsg.), Rudolf von Ihering (1852-1868). Briefe und Erinnerungen. Zur Erinnerung an Rudolf von Jhering in Gießen. Eine anspruchslose Festgabe für die Freunde und Schüler Jherings zum dreihundertjährigen Jubiläum der Universität Gießen, Berlin 1907.

Bruckner, Albert, Unbekannte Briefe Rudolf von Jherings aus seiner Frühzeit (1846-1852), in: Zeitschrift für Schweizerisches Recht 53, 1934, 34-71.

Ehrenberg, Helene (Hrsg.), Rudolf von Ihering in Briefen an seine Freunde, Leipzig 1913 (Nachdruck Aalen 1971).

Kohut, Adolph, Drei Briefe von Rudolf von Jhering. Mitgetheilt von Adolph Kohut, in: Die Gegenwart. Wochenschrift für Literatur, Kunst und öffentliches Leben 42 (Nr. 40) (1892), 215-217.

Kroeschell, Karl, Zwei unbekannte Briefe Jherings, in: Okko Behrends u.a. (Hrsg.), Festschrift für Franz Wieacker zum 70. Geburtstag, Göttingen 1978, 273-280.

Kroeschell, Karl (Hrsg.), Jherings Briefe an Windscheid. 1870-1891 (Abhandlungen der Akademie der Wissenschaften in Göttingen. Philologisch-historische Klasse. Folge 3, 170), Göttingen 1988.

Losano, Mario G. (Hrsg.), Der Briefwechsel zwischen Jhering und Gerber (Abhandlungen zur rechtswissenschafltichen Grundlagenforschung, 55,1), Ebelsbach 1984.

Losano, Mario G. (Hrsg.), Der Briefwechsel Jherings mit Unger und Glaser (Münchener Universitäts-Schriften Juristische Fakultät, 78), Ebelsbach 1996.

Poschinger, Heinrich von (Hrsg.), Bismarck und Ihering. Aufzeichnungen und Briefe, Berlin 1908.

Wollschläger, Christian (Hrsg.), Briefe der Göttinger Zeit in Auszügen: mit einem verbindenden Text von Franz Wieacker, in: Georgia Augusta. Nachrichten aus der Universität Göttingen, Bd. 10, 1968.

III. Archivalien und Nachlässe

Briefe: Eine vollständige Briededition existiert bis heute nicht. Neben den unter II. aufgeführten Editionen ist insbesondere auf den Kalliope-Verbundkatalog als Plattform für die Erschließung von Nachlässen und Autographensammlungen zu verweisen. Gegenwärtig sind hier bereits knapp 300 Briefe von und an Jhering unterschiedlichster Provinienz nachgewiesen. Sie ist allerdings von der institutionellen Beteiligung abhängig und insofern notwendig unvollständig.

Vorlesungsnachschrift: Pandekten I. - Allgem. Theil
Wintersemester 1873/74, 598 S.
Nachschrift durch F. Speiser
Standort: Basel UB, Handschriften. SIGN.: NL 242: 3.

Vorlesungsnachtschrift: Pandecten Vorlesung im Anschluß an Arnds Pandecten
Erster Theil: Allgmeiner Theil und Sachen Recht, Zweiter Theil: Obligationen Recht
Wintersemester 1878/79, 305 S./202 S.
Nachschrift durch J. F. Blumenbacht
Standort: Gießen UB, Handschriften Hs.Hs.Sg. 144.

Staatsarchiv Basel-Stadt
- Akte: Jhering, Rudolf von (1818-1892), Prof., Basel, Signatur: PA 328 E 72, Entstehungszeitraum: 1846
- Akte: Jhering, Rudolf von (1818-1892), Prof. iur., Kiel, Giessen, Signatur: PA 511a 611-17-05 202, Entstehungszeitraum: 1846-1867.

Teilnachlass: Staatsbibliothek Berlin
- enthält überwiegend Teile der Korrespondenz Jhering (Umfang: 1 K.).

Teilnachlass: Niedersächsische Staats- und Universitätsbibliothek Göttingen
- Nachlassverzeichnis findet sich online unter: http://hans.sub.uni-goettingen.de/nachlaesse/Jhering.pdf (Umfang: 23 Kst.)

IV. Werkübersetzungen

1. Cīna dēl tiesībām, Übers.: Hiršs, Konstantantins, Petersburg o.D.
2. Geist des römischen Rechts. Gekürzte japanische Übersetzung, Übers.: Isobe, Tokio o.D.
3. Lo spirito del diritto romano nei diversi gradi del suo sviluppo, Übers.: Bellavite, Luigi, Mailand 1855.
4. Sulla teoria del rischio e pericolo nel contratto di compra e vendita con speciale riguardo ad un caso pratico, Übers.: Serafini, Filippo, Pavia 1862.
5. O sovremennom značenii rimskogo prava, Übers.: Mamontova, A., in: Marecello, T.: Učebnik rimskogo-graždanskogo prava, Moskau 1867, S. VII-XX.
6. La giurisprudenza della vita quotidiana, Übers.: Perugia, Vito, Bologna 1871.
7. Sul fondamento della protezione del possesso. Una revisione della teoria del possesso. Übers.: Forlani, F. di, Mailand 1872.
8. Bor`ba za pravo, Übers.: Hristić, N. Kosta, Belgrad 1874.
9. Bor`ba za pravo, Übers.: Volkova, P. P., Moskau 1874.
10. De strijd om het recht, Übers.: van Hamel, G. A., Leiden 1874.
11. Ho peri dikaiou agōn, Übers.: Lappa, M. A., Athen 1874.
12. A jogtudomány a mindennapi életben, Übers.: Biermann, Mihály, Budapest 1875.
13. Boj o právo, Übers.: n.n., Brünn 1875.
14. Du fondement de la protection possesoire. Revision de la théorie de la possession, Übers.: de Meulenaere, Octave, Gent 1875.
15. Duch rimskogo prava na različnych stupenjach ego razvitija, Übers.: A.V., St. Petersburg 1875.
16. Kampen for Retten, Übers.: Graebe, C. C., Kopenhagen 1875.
17. Le combat pour le droit, Übers.: Meydieu, Alexandre-François, Vienne 1875.
18. Značenie rimskogo prava dlja novogo mira, Übers.: Bezobrazova, V., St. Petersburg 1875.
19. La Lotta per il diritto (traduzione dal tedesco) e la La libertà di coscienza, per Raffaele Mariano, Milano 1875.
20. L`esprit du droit dans les diverses phases de son développement, Übers.: de Meulenaere, Octave, 4 Bände, Paris 1877-1878.
21. Znaczenie prawa rzymskiego Ila świata nowożytnego, Übers.: Fried, Rudolf, 1877.
22. Striden för rätten, Übers.: Afzelius, Ivar, Uppsala 1879.
23. The struggle for Law, Übers. der 5. dt. Auflage: Lalor, John J., Chicago 1879.

24. Jurisprudencija obydennoj žizni, Übers.: Derjužinskij, Nikolaj (nach der 3. Aufl.), Moskau 1880.
25. L'esprit du droit romain dans les diverses phases de son développement. Traduit sur la 3ème édition avec l'autorization de l'auteur par: de Meulenaere, Octave, 3 Bde., 2. Aufl. Paris 1880.
26. Interes i pravo. 1) Pravosposobnost' ucreditelej. 2) Interes i pravo. 3) Nepreodolimaja sila. Prilozenija: I) Passivnye dejstvija prav; II) Cel' v prave. Perevod s nemeckogo. - Rudol'f fon Iering i Feliks Dan, Iz sovremennogo pravovedenija. Ucreditel'stvo i zeleznye dorogi. Ocerk zeleznodoroznogo prava. Stat'i A. Borzenko, Tipografija Gubernskoj zemskoj upravy, Jaroslavl' 1880.
27. Etudes complémentaires de l'esprit du droit romain. Traduit avec l'autorisation de l'auteur par: de Meulenaere, O., 5 Bde., Paris 1880-1903.
28. De la faute en droit privé. Fragment historique, 1880.
29. Fondement des interdits possessoires. Critique de la théorie de Savigny, 2e édition, 1882.
30. Du rôle de la volonté dans la possession. Critique de la méthode juridique régnante, 1891.
31. Mélanges (Programme. Friedrich Carl von Savigny. Satires et vérités), 1902.
32. Du transfert de la réivindication.
33. De la coopération aux aces juridiques d'autrui.
34. Des effets reflexes.
35. De la passivité des droits.
36. L'obligation solidaire active (Bde. 5-9 in einem Band, 1903).
37. Cel` v prave, Übers.: Lickogo, V. R., St. Petersburg 1881.
38. Jurisprudencija obydennoj žizni. Sobranie melkich jurisdičeskich voprpspv, vytekajuščich iz sobytij obydennoj žizni. Perevod s 4-go nemeckogo izdanija N. Derjužinskogo, Tipografija A. I. Mamontova i K., Moskava 1881.
39. Drickspenningarne, Übers.: Larsson, Nils, Lund 1882.
40. Hē nomikē epistēmē tou kathēmerinou biou, Übers.: Themara, N., Athen 1882.
41. Graždandko-pravovye kazusy bez rěsenij, Perevod s nemeckogo 4-go izdanija V. Ogneva pod redakciej professora Moskovskogo universiteta S. Muromceva, Tipografija A. I. Mamontova i K., Moskva 1883.
42. „Na vodku", Übers.: Rozenberg, Ja. G., Kiew 1883.
43. O tryngielcie, Übers.: Tarłowski, Wincenty, Lwów 1883.
44. Ob osnovanii zaščity vladenija. Peresmotr učenija o vladenii, Übers.: n.n., Moskau 1883.
45. The Battle for Right, Übers.: Ashworth, P. A., London 1883.

46. Magánjogi esetek, Übers.: Schwarz, Gustáv, Budapest 1886.
47. L'esprit du droit romain dans les diverses phases de son développement. Traduit sur la 3ème édition avec l'autorization de l'auteur par: de Meulenaere, Octave, 3 Bde., 3. Aufl. Paris 1886-1888.
48. Actio injuriarum. Des lésions injurieuses en droit romain [et on droit français], traduit et annoté par: de Meulenaere, O., Paris 1888.
49. La lutte pour le droit, Übers.: de Meulenaere, Octave, Paris (Neuausgabe Paris 2006 von Olivier Jouanjan).
50. L'ospitalità presso gli antichi, Übers.: Montefredini, Francesco, in: Rivista di giureprudenza 14 (1889), 130-148, 339-352, 476-511.
51. Značenieto na rimskoto pravo za novija svijat, Übers.: A. M., Plovdiv 1890.
52. El espíritu del derecho romano en las diversas fases de su desarrollo, Übers.: Príncipe y Satorres, Enrique, 4 Bde., Madrid 1891 (Neuausgabe mit einem Beitrag „Ihering, ensayo de explicación“ von José Luis Monero Pérez Granada 1998, 2. Aufl. 2011).
53. Teoría de la posesión. El fundamento de la protección posesoria, Übers.: Posado, Adolfo, Madrid 1892 (Nachdruck Madrid 2004).
54. Bor`ba za bravo, Übers.: n.n., Kiew 1893.
55. Œuvres choisies. Traduites avec l'autorisation de l'auteur par: de Meulenaere, O., 2 Bde., Paris 1893.
56. Cilj u pravu, Übers.: Borisavljević, Aleksandar S., Belgrad 1894-1895.
57. Bor`ba za pravo, Übers.: Jurovskogo, I., St. Petersburg 1895.
58. Bor`ba za pravo, Übers.: Svešnikova, M. I., St. Petersburg 1895.
59. Les Indo-Européens avant l'histoire, Übers.: de Meulenaere, Octave, Paris 1895.
60. Bor'ba za pravo. Prevel ot nemski Jordan C. Nejov, Izdanie i pečat na pečatnicata V, Gergov i Cie, Pirdop 1895.
61. Teorija vladenija. Sokraščënnyj perevod E. V. Vas'kovskogo, N. K. Martynov, St. Petersburg 1895.
62. La voluntad en la posesión, Übers.: Posada, Adolfo. Madrid 1896 [Nachdruck Madrid 2003].
63. Prehistoria de los indoeuropeos, Übers.: Posada, Adolfo. Madrid 1896 (Neuausgabe mit einem Beitrag „Ihering, historiador“ von José Luis Monereo Pérez, Granada 2008).
64. Istoriko-obščestvennye osnovy etiki. Perevod s nemeckogo V. M. Gessena, Izdanie I. Jurovskogo, Sankt-Petersburg 1896.
65. Boj i právo, Übers.: Bouček, V., Prag 1897 (erneut in der Reihe Knihovna Rozhledů 18 [1910]).
66. The evolution of the Aryan, Übers.: Drucker, Adolphus, London 1897.

67. Lupta pentru drept, Übers.: Păçăţian, Teodor V., Bukarest 1898.
68. Scopul in drept. Vol I, Übers.: Păcăţian, Teodor V., Bukarest 1898.
69. Walka o prawo, Übers.: Bohdan, K., Petersburg 1898.
70. El fin en el derecho, Übers.: Rodríguez, Leonardo, Madrid 1900, Analecta Ed. (Nachdruck Pamplona 2005).
71. Bor'ba za pravo. Perevod s nemeckogo N. M. Gubskogo, Akcionernoe obščestvo tipografičeskogo dela v Sankt-Peterburge, St. Petersburg 1900.
72. Histoire du développement du droit romain. Œuvre posthum traduite de l'allemand par: de Meulenaere, Octave, Paris 1900.
73. Bor`ba za pravo, Übers.: Eršova, S. I., Moskau 1901.
74. L'évolution du droit (Zweck im Recht), Übers.: de Meulenaere, Octave, Paris 1901.
75. O zpropitném, Übers.: Novotný, František, Brno 1901.
76. Magáijogi esetek. Magyaritotta és bövitette Schwarz Gusztáv. 2. Hazai jogéletböl vett esetekkel bövitett kiadás, (Római jogi gyakorlatok 6), Budapest 1901.
77. Taistelu oikeudesta, Übers.: n.n., Helsinki 1902.
78. Bor'ba za pravo. Übers. der 2. deutschen Auflage: Jurovskogo, I., 2. Aufl. St. Petersburg 1904 (siehe 1. Aufl. IV. 49).
79. Law in daily life: a collection of legal questions connected with the ordinary events of everyday life, Übers. mit Anmerkungen und Zusätzen von Henry Goudy, Oxford 1904 (Nachdruck Littleton, Colo 1985).
80. Küzdelem a jogért, Übers.: Cézár, Szilassy, Budapest 1907.
81. Jurisdičeskaja technika. Perevod s nemeckogo F. S. Šendorfa, Tipo-litografija A. G. Rozena (A. E. Landau), Sankt-Petersburg 1905.
82. Graždandko-pravovye kazusy bez rěsenij, Übers.: Ogneva, V. F., Moskau 1908.
83. Bor'ba za pravo. Übers. der 2. deutschen Auflage: Jurovskogo, I., 3. Aufl. St. Petersburg 1908 (siehe 1. Auflage IV. 49).
84. Graždansko-pravovye kazusy bez rešenij. Perevod s 10-go nemeckogo izdanija (obrabotannogo primenitel'no k Germanskomu graždanskomu uloženiju pri sodejstvii neskol'kich sotrudnikov professorom Gettingenskogo universiteta F. Regel'sbergerom) V. F. Ogneva i privat-docenta Moskovskogo universiteta I. B. Novickogo, Tovariščestvo I. D. Sytina, Moskva 1908.
85. O fundamento dos interdictos possessorios, com um appendice contendo o estudo sobre o „Corpus possessionis" do autor, e uma crîtica da theoria possessoria do mesmo pelo Dr. Joseph Duquesne. autorisierte Übers.: Carvalho, Adherbal de, 2. Aufl. Rio do Janeiro 1908 [zuerst 1900].

86. A luta pelo dereito, Übers.: Vasconcelos, João de, Rio de Janeiro 1909 (Diverse Aufl., etwa 16. A. 1998).
87. A luta pelo dereito, Übers.: Bastos, José Tavares, Porto 1910.
88. Bor`ba za bravo, Übers.: Gubskogo, N. M., 2. Aufl. St. Petersburg 1911.
89. O zpropitném, Übers.: Augenthaler, Rudolf, Prag 1911.
90. Bor`ba za bravo, Übers.: Lojko, V. I., St. Petersburg 1912.
91. La lucha por el derecho, Übers.: Posada, Adolfo, Madrid 1912.
92. Cīna dēl tiesībām. No Rūdolfa von Jeringa. Tulk. Konstantin Hiršs (Universāla bibliotēca, Nr. 94), A. Gulbis, Pēterburga s. a., 65 S.
93. Law as a means to an end, Übers.: Husik, Isaac, Boston 1913, (Lawbrook Exchange Nachdrucke 1924, New York, N.Y. 1968, Union N.J. 1999).
94. The Struggle for Law. Translated from the 5th German edition by John J. Lalor, 2. A. mit einer Einführung von Albert Kocourek, Chicago 1915 (Nachdrucke Westport, Ct 1979, Union, NJ 1997).
95. La lucha por el derecho. Versión española de Adolfo Posada, con un prólogo de Leopoldo Alas (Clarín), Libraría general de Victoriano Suárez, Madrid 1921 (Neuausgaben Madrid 1985, Bogotá 1990).
96. Eis ton Paradeison tōn nomikōn ennoiōn – Mia fantastikē eikōn (Themis: Hebdomadiaia Didaktikē Ephēmeris, Bde. 18, 20-26, 28, 32-35), Übers.: Pratsikas, Hr., Athen 1925.
97. La posesión, Übers.: Posada, Adolfo, Madrid 1926.
98. Bor`ba za pravo, Übers.: Nejov, Jordan C. Pirdop, 2. Aufl., Sliven (Jambol) 1928.
99. Lupta pentru drept, Übers.: Turtureanu, Constantin, Iaşi 1930.
100. Ho agōn dia to dikaion, Übers.: Manoussou, Spyr. P., Athen 1931.
101. Jurisprudencia en broma y en serio, Übers.: Riaza, Román, Madrid 1933.
102. La lotta pel diritto, Übers.: Mariano, Raffael, Bari 1935.
103. Hukuk Uğruna Savaş, Rudolf von Jhering (Der Kampf ums Recht), Übers.: Rasih Yeğengil, Istanbul 1935.
104. Lupta pentru drept, Übers.: Constantinescu, Sandi, Konstanza 1938.
105. La lucha por el derecho, Übers.: n.n., Buenos Aires 1939.
106. La lucha por el derecho, Übers.: Posada, Adolfo, Buenos Aires 1939.
107. Striden för rätten, Übers.: Cervin, Andreas, Vorwort von: Stjernberg, Nils, Stockholm 1941.
108. O espíritu do dereito romano nas diversas fases do seu desenvolvimento, 4 Bde., Übers.: Benaion, Rafael, Rio de Janeiro 1943.
109. La lucha por el derecho, Übers.: n.n., Buenos Aires 1946.

110. La dogmática juridica, seguida de un apéndice con las doctrinas de Jhering y Windscheid sobre el derecho subjectivo [Biblioteca del Institutio Argentino de filosofía], Buenos Aires 1946.
111. El fin en el derecho [Biblioteca jurídica Atalaya, primera serie, V. 2], Buenos Aires 1946.
112. 3 estudios jurídicos. Del interés en los contratos; la posesión, la lucha por es derecho, Übers.: n.n., Buenos Aires 1947.
113. La lucha por el derecho, Übers.: n.n., Buenos Aires 1947.
114. Del interés en los contratos. Traducción directa del alemán revisada y corregida por Adolfo G. Posada, Buenos Aires 1947.
115. La posesión. Teoría simplificada [Biblioteca jurídica Atalaya], Übers.: Posada, Adolfo G., Buenos Aires 1947.
116. Taistelu oikeudesta. Lyhennety suomennos (Suomalaisen lakimiesyhdistyksen Julkaisuja B-sarja 32), Übers.: n.n., Porvoo-Helsinki 1948.
117. La lucha por el derecho. Versión castellana tomada de la edición italiana de Raffaele Mariano, 1875, Übers.: Cádiz, Luis María de, Buenos Aires 1954.
118. Serio e faceto nella giurisprudenza, Übers.: Lavaggi, Giuseppe, Florenz 1954.
119. La importancia del derecho romano, Übers.: Fernández González, José, in: Pétit, Eugène Henri Joseph, Tratado elemental de derecho romano. Desarrollo histórico y exposición general de los principios de la legaslación romana hasta el emperador Justiniano. Con una introducción sobre la importancia del derecho romano por Rudolf von Jhering. Traducción [...] y aumentado con copiosas notas por José Fernándes González, Buenos Aires 1954.
120. Ho skopos en tō dikaiō, Übers.: Sarantakē, Georgiou D., Athen 1955.
121. Questões e estudos de dereito. A luta pelo dereito; A hospitalidade no pasado; Do lucro nos contratos; Teoria simplificada da possesão; Casos juridicos, Übers.: Vieira de Araujo, João; Bevilaqua, C.; Carvalho, Adherbal de, Bahia 1955.
122. A evolução do dereito, Übers.: n.n., Bahia 1956.
123. A evolução do direito, Übers.: n.n., Salvador 1956.
124. Teoria simplificada da posse, Übers.: Pinto de Aguiar, Livraria Progresso, Salvador 1957.
125. La lucha por el derecho, Übers. u. eingel.: Diego A. de Santillán (Biblioteca Cajica de derecho, economía, sociología y política: Ser. B; Nr. 5), México 1957.
126. La lucha por el derecho, Buenos Aires 1958.
127. Posse e interditos possessórios, Übers.: Adherbal de Carvalho, Salvador 1959.

128. La lotta per il diritto (Biblioteca di cultura moderna 549), Übers.: Mariano, Raffaele 3. Aufl. Bari 1960.
129. El fin en el derecho, 2 Bde., Übers.: n.n., Puebla 1961/62.
130. Abreviatura de El espíritu del derecho romano, Übers.: Fernando Vela, Revista de Occidentem, 2. Aufl. Madrid 1962 [Nachdruck Madrid 1997, Neuausgabe Madrid 2005].
131. A evolução do direito. Versão da tradução francesa de O[ctave]. de Meulenaere, por Abel de Azevedo, Lissabon 1963.
132. Hukuk uğrunda savaş. Ceviren Rasih Yegengil, Sinan Matbaasi, Istanbul 1964.
133. [Il diritto d'autore su opere scritte], in: Losano (wie V. 155), 17-21.
134. Lo scopo nel diritto, hg. v. Losano, Mario G., Turin 1972 (2. Aufl. 2014).
135. Bromas y veras en la jurisprudencia, Übers.: n.n., Buenos Aires 1974.
136. Carteggio Jhering-Gerber (1849-1872), hg. v. Losano, Mario G., Milano 1977.
137. A finalidade do Direito, Übers.: Correa, José Antonio Faria, Rio de Janeiro 1979.
138. Il momento della colpa nel diritto privato romano (Antiqva 49), Übers.: Francesco Fusillo, Neapel 1990.
139. El derecho de la vida cotidiana, Übers.: Valiño, Emilio, Valencia 1993.
140. Yamaguchi, Michihiko (Hg.), Iēringu hō ni okeru mokuteki, Tokio 1997.
141. Borba za pravo/Jellinek, Georg, Borba starog s novim pravom (Biblioteka Prevodi dela velikih pravnika 4), Übers.: Novica Kraljević, Belgrad 1998.
142. Cilj u pravu, Übers.: Branimir Živojinović mit einem Nachwort von Stevan Vračar, Podgorica 1998.
143. La Mancia, Übers. u. eingel.: Pannarale, Luigi, Bologna 1998.
144. El fin en el derecho. Estudio preliminar sobre el pensamiento jurídico de Ihering y la dimensión funcional del derecho, de José Luis Monereo Pérez por Rudolf v. Ihering, Übers.: Santillán, Diego Abad de, Granada 2000.
145. Yamaguchi, Michihiko (Hg.), Iēringu-hōgaku-ronshū, Tokio 2002.
146. ¿Es el derecho una ciencia? Ed. de los fragmentos póstumos de Okko Behrends (Colección crítica del derecho/Sección Arte del derecho 37), Übers.: Fernández-Crehuet López, Federico, Granada 2002.
147. Della culpa in contrahendo, ossia Del risarcimento del danno nei contratti nulli o non giunti a perfezione (Antiqva 90), Übers.: Procchi, Federico, Neapel 2005.

148. La lucha por el derecho (Monografías jurídicas Bd. 13), Übers.: n.n., 3. ed., Bogotá 2007.
149. Sobre el nacimiento del sentimiento jurídico, hg. v. Fernández-Crehuet, Federico López, Madrid 2008.
150. H¯ogaku ni okeru j¯odan to majime: h¯ogakusho o yomu hito eno kurisumasu purezento; warainagara shinjitsu o kataru, Übers.: Sanada, Yoshiaki, Hachi¯oji : Ch¯u¯o Daigaku Shuppanbu, 2009.
151. Boj za právo (Edícia Exempla iuris), Übers.: Bröstl, Alexander, Bratislava 2009.
152. Boj o právo, Übers.: Bezoušková, Lenka, Plzeň 2009.
153. LA SÉPARATION DES POUVOIRS, in: Commentaire 32 (Nr. 126) (2009), 378-385.
154. LA SÉPARATION DES POUVOIRS (Suite), 386-393, in: Commentaire 32 (Nr. 126) (2009), 378-385.
155. Fa xue shi yi men ke xue ma? = Ist die Jurisprudenz eine Wissenschaft? Lu dao fu Feng Ye lin zhu. Ao ke Bei lun ci bian zhu. Li Jun tao yi (Dang dai De guo fa xue ming zhu = Repräsentative deutsche Rechtsliteratur der Gegenwart), Peking 2010.
156. El elemento de la culpabilidad en el derecho privado romano, Übers. und Estudio preliminar: Dalbora, José Luis, Montevideo 2013.
157. Jurisprudencia en broma y en serio, Übers.: Riaza, Román, Madrid 2015.

V. Literatur

1. Al-Assiuty, Sarwat Anis, Genèse et Evolution des Doctrines Philosophiques à propos de Jhering et la pensée juridique moderne en Allemagne et en Amérique, Kairo 1964.
2. Althammer, Christoph, Zivilprozessualer Rechtsschutz gegen grenzüberschreitende Umweltemissionen: von Rudolf von Jhering zur Climate Change Litigation, in: J. Adolphsen u.a. (Hgg.), Festschrift für Peter Gottwald zum 70. Geburtstag, München 2014, 9-21.
3. Angle, Stephen C., Should We All Be More English? Liang Qichao, Rudolf von Jhering, and Rights, in: Journal of the History of Ideas 61 (2000), 241-261.
4. Anonymus, Rez. zu: „R. Jhering, Civilrechtsfälle ohne Entscheidungen. [...] Leipzig 1847, in: Kritische Jahrbücher für Deutsche Rechtswissenschaft 23 (1848), 78-80.
5. Anonymus: Rez. zu: „Jahrbücher für die Dogmatik des heutigen römischen und deutschen Privatrechts. Hg. v. C. F. v. Gerber u. R. Jhering, 1. Band (In 3 Heften), 1. Heft Nr. 1 „Unsere Aufgabe“, Jena 1856, in: Literarisches Centralblatt für Deutschland, Heft Nr. 50 v. 13.12.1856, Sp. 800 f.
6. Azarewicz, Dimitrij, Rudolf von Jhering, in: Russische Zeitschrift für Zivil- und Strafrecht [in russ. Sprache] o.D., S. N.N.
7. Bähr, Otto, Scherz und Ernst in der Jurisprudenz, in: ders. (Hg.): Juristische Abhandlungen. Gesammelte Aufsätze, Bd. 1, Leipzig 1895, 453 ff.
8. Baratta, Alessandro, Über Jherings Bedeutung für die Strafrechtswissenschaft, in: siehe V. Nr. 293, 17-26.
9. Bartels-Ishikawa, Anna, EL ÉXITO DEL „KAMPF UM'S RECHT“ DE JHERING EN JAPÓN, ESPECIALMENTE EN EL PERIODO MEIJI, in: Francisco Javier Ansuátegui Roig (Hg.), El derecho en red. Estudios en homenaje al profesor Mario G. Losano, Madrid 2006, 87-112.
10. Bastos, Aurélio Wander/Adeodato, João Maurício Leitão (Hgg.), Jhering e o direito no Brasil (seminario nacional em comemoraçao ao centenário de seu falecimento), Recife 1996.
11. Behrends, Okko, Das Rechtsgefühl in der historisch-kritischen Theorie des späten Jhering. Ein Versuch zur Interpretation und Einordnung von Jherings zweitem Wiener Vortrag, in: Jhering, Entstehung (siehe unter: I. Werkverzeichnis 1986, 55-184).
12. Behrends, Okko, Rudolf von Jhering und die Evolutionstheorie des Rechts, in: P. Günther (Hg.), Der Evolutionsgedanke in der Wissenschaft (Nachrichten der Akademie der Wissenschaften in

Göttingen, Philologisch-Historische Klasse. Jhg. 1991 Nr. 7), Göttingen 1991, 80-110.

13. Behrends, Okko, Rudolph von Jhering (1818-1892). Der Durchbruch zum Zweck des Rechts, in: Studien zum römischen Recht in Europa 1 (1992), 58-133.
14. Behrends, Okko (Hg.), Privatrecht heute und Jherings evolutionäres Rechtsdenken, Köln 1993.
15. Behrends, Okko (Hg.), Rudolf von Jhering. Beiträge und Zeugnisse aus Anlaß der einhundertsten Wiederkehr seines Todestages am 17.9.1992, 2. Aufl. mit Zeugnissen aus Italien, Göttingen 1993.
16. Behrends, Okko, Rudolf von Jhering, der Rechtsdenker der offenen Gesellschaft. Ein Wort zur Bedeutung seiner Rechtstheorie und zu den Gründen ihrer Missdeutung, in: siehe V. Nr. 15, 8-10.
17. Behrends, Okko, Zeugnisse, in: siehe V. Nr. 15, 61-96.
18. Behrends, Okko (Hg.), Jherings Rechtsdenken. Theorie und Pragmatik im Dienste evolutionärer Rechtsethik (Abhandlungen der Akademie der Wissenschaften in Göttingen, Philologisch-Historische Klasse. Folge 3, Nr. 216), Göttingen 1996.
19. Behrends, Okko, War Jhering ein Rechtspositivist? Eine Antwort auf Ralf Dreiers Frage, in: siehe V. Nr. 18, 235-254.
20. Behrends, Okko, Jherings Evolutionstheorie des Rechts zwischen Historischer Rechtsschule und Moderne. Eine wissenschaftsgeschichtliche Einordnung des Jheringschen Rechtsdenkens aus Anlaß der Herausgabe der Wiener Antrittsvorlesung „Ist die Jurisprudenz eine Wissenschaft?“, in: siehe I. Werkverzeichnis 1998, 93-202.
21. Behrends, Okko, Rudolph von Jhering mediatore fra diritto romano e diritto moderno in un momento di grande rottura culturale, in: Rivista di Diritto Romano 3 (2009), 367-385.
22. Belvisi, Francesco, Die Positivität des Rechts beim frühen Jhering: Zwischen Formalismus und Realismus, in: M. Atienza u.a. (Hgg.), Theorie des Rechts und der Gesellschaft (FS Krawietz), Berlin 2003, 429–459 (italienisch: La positività del diritto nel primo Jhering, in: Materiali per una storia della cultura giuridica 33 (2003), 491-518).
23. Benöhr, Hans-Peter, Rez. zu: Rudolf von Jhering. Ist die Jurisprudenz eine Wissenschaft?, in: NJW 2000, 2489-2490.
24. Bettermann, Karl August, Rudolf von Jhering über seinen Besuch bei Otto von Bismarck, in: Gießener Universitätsblätter 30 (1991), 140-164.
25. Biermann, Marc, Das Staatseigentum an öffentlichen Sachen im Gemeingebrauch in der ersten Hälfte des 19. Jahrhunderts. Die

Theorie des reinen Hoheitsrechts an den öffentlichen Sachen von Rudolph von Jhering und Friedrich Ludwig Keller im Zusammenhang mit dem Baseler Schanzenstreit von 1859/62 (Rechtshistorische Reihe 394), Diss. Gießen 2007, Frankfurt 2009.

26. Blondel, Georges, Rodolphe de Jhering. Nécrologue, in: Nouvelle Revue Historique de Droit Français et Étranger, 16 (1892), 797-804.

27. Boas, Felix, Der Kampf um's Recht ein Pflichtgebot? Antwort und Entgegnung an Herrn Prof. Dr. Rudolf von Ihering, Berlin 1876.

28. Bond, Niall, The displacement of normative discourse from legal theory to empirical sociology: Ferdinand Tönnies, natural law, the Historical School, Rudolf von Jhering and Otto von Gierke (23. September 2011), in: forum historiae iuris (http://www.forhistiur.de/2011-09-bond/).

29. Bouglé, Celestin, Les sciences sociales en allemagne: R. von Jhering, in: Revue de Métaphysique et de Morale 3 (1895), 447-479.

30. Braun, Erhard, Rez. zu: Versuch einer kritischen Analyse der Rechtslehre Rudolf von Jherings by Wilhelm Wertenbruch, in: Archives de Philosophie 21 (1958), 616-618.

31. Braun, Johann, Eine briefliche Äusserung Jherings über sein Buch „Der Zweck im Recht“, in: Juristen-Zeitung 56, (2001), 342-344.

32. Brinz, Alois von, Zur neuesten zivilistischen Literatur. Geist des römischen Rechts auf den verschiedenen Stufen seiner Entwicklung v. Rudolph Jhering, in: Kritische Vierteljahresschrift für Gesetzgebung und Rechtswissenschaft 2 (1860), 1-37.

33. Bruns, Carl E. Georg, Rezension von Jherings „Geist des römischen Rechts“, in: Literarisches Centralblatt für Deutschland, Heft Nr. 24 v. 16.06.1855, Sp. 380-382.

34. Bucher, Eugen, Gegen Jherings „Kampf ums Recht“. Was Privatrechtler aus unsinnigen Thesen lernen können, in: P. Tercier (Hg.), Gauchs Welt. Recht, Vertragsrecht und Baurecht (FS Peter Gauch), Zürich 2004, 45-60.

35. Buonamici, Francesco, Sul libre „La protezione del possesso” dello Jhering, in: Archivio Giuridico Filippo Serafini 9 (1872), 400-426.

36. Bydlinski, Franz, „Suche nach der Mitte“ vs. „Kampf ums Recht“, in: S. Lorenz (Hg.), Festschrift für Andreas Heldrich zum 70. Geburtstag, München 2005, 1091-1107.

37. Caporossi Colognesi, Luigi, Jhering e „Lo spirito del diritto romano”, in: Quaderni fiorentini per la storia del pensiero giuridico moderno 21 (1992), 177-212.

38. Carnio, Henrique Garbellini, Rudolf von Jhering e a genealogia da ética: o devir histórico como determinante da procedência do sentimento jurídico, in: História e Cultura 4 (3/2015), 101-117.
39. Choe, Byoung Jo, Culpa in contrahendo bei Rudolph von Jhering (Göttinger rechtswissenschaftliche Studien 138), Diss. Göttingen 1985, Göttingen 1988.
40. Choe, Byoung Jo, Der Kampf ums Recht im traditionellen Korea. Die konfuzianische Ideologie und die Wirklichkeit, in: siehe V. Nr. 18, 32-60.
41. Cohen, Morris R., Rez. zu: Law as a Means to an End by Rudolf von Jhering, übersetzt von Isaac Husik, in: The Philosophical Review 23 (1914), 557-561.
42. Cohn, Morris M., Rez. zu: Evolution of the Aryan by Rudolph von Jhering, in: The Annals of the American Academy of Political and Social Science 13 (1899), 87-91.
43. Coing, Helmut, Der juristische Systembegriff bei Rudolf von Ihering, in: J. Blühdorn/J. Ritter (Hgg.), Philosophie und Rechtswissenschaft. Zum Problem ihrer Beziehung im 19. Jahrhundert (Studien zur Philosophie und Literatur des 19. Jahrhunderts 3), Frankfurt 1969, 149-171.
44. Coing, Helmut, Rudolf von Jhering und Bentham. Interessenjurisprudenz und englische utilitaristische Philosophie, in: G. Weick (Hg.), 375 Jahre Rechtswissenschaft in Gießen. Vorträge im Rahmen der Festveranstaltung zur 375-Jahrfeier der Justus-Liebig-Universität Gießen (Giessener rechtswissenschaftliche Abhandlungen 1), Gießen 1982, 1-14.
45. Cotterrell, Roger, The struggle for law: some dilemmas of cultural legality, in: International Journal of Law in Context 4 (2008), 373-384.
46. Diederichsen, Uwe, Jherings Rechtsinstitute im deutschen Privatrecht der Gegenwart, in: siehe V. Nr. 18, 175-200.
47. Dreier, Ralf, Jhering als Rechtstheoretiker, in: A. Aarnio u.a. (Hgg.), Rechtsnorm und Rechtswirklichkeit (FS Krawietz), Berlin 1993, 233-245.
48. Dreier, Ralf, Jherings Rechtstheorie – eine Theorie evolutionärer Rechtsvernunft, in: siehe V. Nr. 18, 222-234.
49. Droege, Heinrich, Rudolf von Jhering. Einer der größten Rechtsdenker der deutschen Geistesgeschichte, in: Der Deichwart 1962, Nr. 94.
50. Duxbury, Neil, Jherings Philosophy of Authority, in: Oxford Journal of Legal Studies 27 (2007), 23-47.

51. Eck, Ernst, Zur Feier des Gedächtnisses von B. Windscheid und R. von Ihering, Vortrag gehalten in der juristischen Gesellschaft zu Berlin am 17. December 1892, Berlin 1893.
52. Ekelöf, Per Olof, Zur naturhistorischen Methode Jherings. Ein Diskussionsbeitrag, in: siehe V. Nr. 292, 27-28.
53. Ermacora, Felix, Rudolf von Jherings Brücke zum öffentlichen Recht, in: siehe V. Nr. 174, 117-124.
54. Estermann, Josef (Hg.), Der Kampf ums Recht. Akteure und Interessen im Blick der interdisziplinären Rechtsforsschung. Beiträge zum zweiten Kongress der deutschsprachigen Rechtssoziolgoischen Vereinigung, Wien, 2011) (Schriften zur Rechts- und Kriminalsoziologie 5; Gesellschaftswissenschaftliche Beiträge 11), Wien 2012.
55. Falk, Ulrich, Rudolph von Jhering, in: M. Stolleis (Hg.): Juristen. Ein biographisches Lexikon. Von der Antike bis zum 20. Jahrhundert, München 1995, 325 ff.
56. Falk, Ulrich, Der Gipfel der Pandektistik. Windscheid, Jhering und die Begriffsjurisprudenz, in: J. Lege (Hg.), Juristen in Greifswald. Spiegel der deutschen Rechtswissenschaft 1815 bis 1945, Tübingen 2008, 129-150.
57. Falk, Ulrich, Jherings Kampf um die Festungsbollwerke. Eine Rechtsgeschichte zur Praxis der Parteigutachten, in: NJW 2008, 719-722 (auch in Juridikum 3/2008, 134-136).
58. Fikentscher, Wolfgang, Eine Erstlingsarbeit Rudolph von Ihcrings entdcckt?, in: Historisches Jahrbuch 93 (1973), 374-379.
59. Fikentscher, Wolfgang, Rudolf von Jhering, in: ders.: Methoden des Rechts, III, Tübingen 1976, 101-282.
60. Fikentscher, Wolfgang, Rez. zu: Rudolf von Jhering. Beiträge und Zeugnisse. Aus Anlass der 100. Wiederkehr seines Todestages am 17.9.1992. Hrsg. von: Okko Behrends, in: NJW 1994, 238-239.
61. Fikentscher, Wolfgang/Himmelmann, Ulrich, Rudolf von Iherings Einfluss auf Dogmatik und Methode des Privatrechts, in: siehe V. Nr. 174, 95-116.
62. Filomusi-Guelfi, Francesco, La lotta pel diritto per Jhering, in: Scritti giuridici raccolti per il centenario della Casa editrice Jovene 1854 – 1954, Neapel 1954, 21-27.
63. Fioravanti, Maurizio, Un frammento di storia della cultura giuridica dell'Ottocento tedesco (a proposito del Carteggio Jhering-Gerber 1849-1872, a cura di Mario G. Losano), in: Quaderni fiorentini per la storia del pensiero giuridico moderno 7 (1978), 545-565.

64. Fögen, Marie Theres, Kein Recht ohne Wissenschaft – Rudolf von Jherings Bekenntnis in neuer Edition, in: Dies., Opuscula, hg. von Andrea Büchler, Zürich 2009, 40-42.
65. Forlani, Francesco, La lotta per il diritto (Der Kampf ums's Recht) di Rodolfo de Jhering, in: Archivio Giuridico Filippo Serafini 10 (1872), 118-130.
66. Franz, Günther, Jhering, in: Biographisches Wörterbuch zur deutschen Geschichte, Bd. II, gegründ. von Hellmuth Rößler und Günther Franz, 2. Aufl., München 1974, Sp. 1269 f.
67. Frivaldszky, János/Pokol, Béla, Rudolf von Jhering és jogelméletének hatása (A Pázmány Péter Katolikus Egyetem Jog- és Államtudományi Karának könyvei 2), Budapest 2011.
68. Fuchs, Ernst, Jhering und die Freirechtsbewegung. Glossen zu Jherings 100. Geburtstag. Mit einem Nachwort von Josef Kohler, in: Archiv für Rechts- und Wirtschaftsphilosophie 12 (1918), 10-24.
69. Fuhrmann, Manfred, Jhering als Satiriker. Die „vertraulichen Briefe über die heutige Jurisprudenz“ literarisch betrachtet, in: siehe V. Nr. 18, 17-31.
70. Gaudemet, Jean, Organicisme et évolution dans la conception de l'histoire du droit chez Jhering, in: siehe V. Nr. 292, 29-39.
71. Gaulia Borrmann, Ricardo, CULTURA POLÍTICA GERMÂNICA, RELAÇÕES DE FORÇA E RECEPÇÃO NO BRASIL A PARTIR DO PENSAMENTO DE RUDOLF VON JHERING, ERNST HAECKEL E HANS KELSEN (1879-1939), in: Passagens. Revista Internacional de História Política e Cultura Jurídica 3 (3/2011), 398-414.
72. Gibert, Rafael, Jhering en España, in: siehe V. Nr. 292, 40-67.
73. González Vicén, Felipe, Rudolf von Jhering y el problema del método jurídico, in: Anuario de filosofia del Derecho, nueva época 4 (1987), 223-248.
74. Grise, Julie E./Gelter, Martin/Whitman, Robert, Rudolf von Jhering's Influence on Karl Llewellyn, in: Tulsa Law Review 48 (2012), 93-116.
75. Gromitsaris, Athanasios, Theorie der Rechtsnormen bei Rudolph von Ihering. Eine Untersuchung der Grundlagen des deutschen Rechtsrealismus (Schriften zur Rechtstheorie Bd. 132), Diss. Münster 1987, Berlin 1989.
76. Gschwend, Lukas, Rez. zu: Mecke, Christoph-Eric, Rudolf von Jhering. Anonym publizierte Frühschriften und unveröffentlichte Handschriften aus seinem Nachlaß, in: ZRG GA 130 (2013), 602-604.

77. Haferkamp, Hans-Peter, Rez. zu: Christian Jäde (Hg.), Rudolf v. Jhering. Pandektenvorlesung nach Puchta. Ein Kollegheft aus dem Wintersemester 1859/60 (Quellen und Forschungen zum Recht und seiner Geschichte 15), Wallstein, Göttingen 2008, in: Tijdschrift voor Rechtsgeschiedenis 78 (2010), 486-488.
78. Hall, Karl Alfred (Hg.), Erinnerungen einer alten Rostockerin an Rudolf von Jhering, in: Göttinger Jahrbuch 4 (1955/56), 85-92.
79. Halpérin, Jean-Louis, Jhering. L'évolution du droit, in: O. Cayla/ Ders. (Hgg.), Dictionnaire des grandes oeuvres juridiques, Paris 2008, 298-303.
80. Hart, H. L. A., Jhering's heaven of concepts and modern analytical jurisprudence, in: siehe V. Nr. 292, 68-78.
81. Hassbargen, Hermann, Die ethischen Grundgedanken Ernst Laas' und Rudolf v. Jhering's historisch-gesellschaftliche Theorie, in: Jahrbuch der Philosophischen Fakultät Göttingen 1922, 2. Hälfte, Göttingen 1923.
82. Helfer, Christian, Rudolf von Jhering als Rechtssoziologe. Eine Erinnerung zum 150. Geburtstag, in: Kölner Zeitschrift für Soziologie und Sozialpsychologie 20 (1968), 553-571.
83. Helfer, Christian, Rudolf von Jhering über das Rechtsgefühl (zum Gedenken des 150. Geburtstages), in: Österreichische Juristenzeitung 1968, 589 f.
84. Helfer, Christian, Jherings Gesellschaftsanalyse im Urteil der heutigen Sozialwissenschaft, in: siehe V. Nr. 292, 79-88.
85. Herzog, Benjamin, Anwendung und Auslegung von Recht in Portugal und Brasilien. Eine rechtsvergleichende Untersuchung aus genetischer, funktionaler und postmoderner Perspektive; zugleich ein Plädoyer für mehr Savigny und weniger Jhering (Rechtsvergleichung und Rechtsvereinheitlichung 26), Diss. Heidelberg 2013, Tübingen 2014.
86. Hippel, Ernst von, Rudolf von Jhering als Begründer des Rechtspositivismus, in: Neues Abendland 6 (1951), 322-326.
87. Hirsch, Ernst E., Jhering als Reformator des Rechtsunterrichts (Die Jurisprudenz des täglichen Lebens), in: siehe V. Nr. 292, 89-100.
88. Hofmann, Hasso, Rechtspositivismus bei Jhering – Eine Diskussionsbemerkung, in: M. Avenarius u.a. (Hgg.), Ars iuris (FS Okko Behrends), Göttingen 2009, 217-222.
89. Hofmeister, Herbert, Jhering in Wien, in: siehe V. Nr. 174, 9-30.
90. Hollerbach, Alexander, Zum Kapitel „Staat-Recht" (Interpretationshilfen zu Texten von Rudolf Jhering und Jakob Grimm), in: E. Bender (Hg.), Deutsches Lesebuch für höhere Schulen. Bausteine zu Band 7 (Lehrerhandbuch), Karlsruhe 1962, 105-116.

91. Hommes, H. J., Rudolf von Jherings naturhistorische Methode, in: siehe V. Nr. 292, 101-115.
92. Hurwicz, Elias, Rudolf von Ihering und die deutsche Rechtswissenschaft. Mit besonderer Berücksichtigung des Strafrechts (Abhandlungen des kriminalistischen Seminars an der Universität Berlin. N.F. Bd. 6, Heft 4), Berlin 1911.
93. Irminger, Otto, Die Gerechtigkeit und ihr Verhältnis zum Recht bei Jhering, Diss. Bern 1920, Innsbruck 1920.
94. Janssen, Heinrich, Wilhelm Reuter, der Lehrer Rudolf Jherings, in: siehe V. Nr. 15, 29-30.
95. Janzarik, Birte, Der Rechtsdenker Rudolf von Jhering, in: Juristische Arbeitsblätter 2005, 316-320.
96. Jenkins, Iredell, Rudolf von Jhering, in: Vanderbilt Law Review 14 (1960), 169-190.
97. Jhering, Friedrich von, Zur Gießener Wirksamkeit Rudolf von Jherings, in: J. Biermann (Hg.), Rudolf von Jhering. Briefe und Erinnerungen, Berlin 1907, 79–90 (auch in: C. Rusche [Hg.], Der Kampf ums Recht. Ausgewählte Schriften mit einer Einleitung von G. Radbruch, Nürnberg 1965, 457 ff.)
98. Jhering, Hermann von, Erinnerungen an Rudolf von Jhering, in: siehe II. Briefeditionen unter Ehrenberg, Helene (Hg.), 445-472.
99. Jonge, Morris Chr. de, Rudolf von Ihering. Eine Skizze nach seinen Werken gezeichnet, Berlin 1888.
100. Jørgensen, Stig, Die Bedeutung Jherings für die neuere skandinavische Rechtslehre, in: siehe V. Nr. 292, 116-126.
101. Kägi, Werner, Der Kampf ums Recht. Hundert Jahre nach der berühmten Rede Rudolf von Jherings, in: Neue Zürcher Zeitung v. 9.4.1972, 49.
102. Kaneko, Kentaro, Gespräche des Sekretärs der Geheimratsversammlung Kentaro Kaneko mit Jhering, in: siehe V. Nr. 206, 106-109.
103. Kantorowicz, Hermann U., Jherings Bekehrung, in: Deutsche Richterzeitung 6 (1914), Sp. 84-87.
104. Keller, Rolf, Rez. zu: Genèse et Evolution des Doctrines Philosophiques à propos de Jhering et la pensée juridique moderne en Allemagne et en Amérique by Sarwat Anis Al-Assiuty, in: Rabels Zeitschrift für ausländisches und internationales Privatrecht 30 (1966), 580-586.
105. Kelsen, Hans: Rudolf von Jhering in Briefen, in: Neue Freie Presse (Wien), Nr. 17423 v. 23.02.1913, 32-35.
106. Kenny, Courtney, Jhering on Trinkgeld and Tips, in: Law Quarterly Review 32 (1916), 306-321.

107. Kerger, Henry, Recht und Moral bei Nietzsche und Ihering, in: A. Aarnio u.a. (Hgg.), Positivität, Normativität und Institutionalität des Rechts (FS Krawietz), Berlin 2013, 263-281.

108. Kinereit, Kai, Wer fühlt nicht, daß es hier einer Schadensersatzklage bedarf. Rudolf von Jhering und die „culpa in contrahendo", in: T. Hoeren (Hg.), Zivilrechtliche Entdecker, München 2001, 105–147.

109. Klemann, Bernd, Rudolf von Jhering und die Historische Rechtsschule, Frankfurt am Main 1989.

110. Klemann, Bernd, Jherings Wandlung, in: H. Mohnhaupt (Hg.), Rechtsgeschichte in den beiden deutschen Staaten (1988 - 1990). Beispiele, Parallelen, Positionen, Frankfurt am Main 1991, 130-150.

111. Klenner, Hermann, Jherings Kampf ums Recht, in: Demokratie und Recht 20 (1992), 437-445.

112. Klippel, Diethelm, Rudolf von Jhering an der Juristischen Fakultät der Ludwigs-Universität Gießen (1852-1868), in: siehe V. Nr. 15, 31-37.

113. Klippel, Diethelm, Juristischer Begriffshimmel und funktionale Rechtswelt. Rudolf von Jhering als Wegbereiter der modernen Rechtswissenschaft, in: ders. (Hg.), Colloquia für Dieter Schwab zum 65. Geburtstag, Bielefeld 2000, 117-135.

114. Koch, Hinrich, Der Ostfriese Rudolf von Jhering zu Gast bei Bismarck, in: Der Deichwart 1954, Nr. 174.

115. Koch, Hinrich, Vom Humor eines ostfriesischen Gelehrten. Anekdoten um Rudolf von Jhering, in: Unser Ostfriesland 1957, Nr. 18.

116. Koch, Hinrich, Der Ostfriese Rudolph Jhering über Bismarck, in: Der Deichwart 1957, Nr. 93.

117. Koch, Hinrich, Anekdoten um den ostfriesischen Gelehrten Rudolf von Jhering, in: Der Deichwart, Beil. zu Rheiderland 9/10, 1933/35, 104 f.

118. Kohler, Josef, Windscheid und Jhering, in: Die Zukunft 2 (1893), 113-118.

119. Kraft, Friedrich, Aus der Gymnasial- und Studienzeit. Jugenderinnerungen eines alten Gießeners, Gießen 1907.

120. Kraft, Friedrich, Erinnerungen eines alten Schülers an Prof. Dr. Rudolf von Jhering, in: J. Biermann (Hg.), Rudolf von Jhering. Briefe und Erinnerungen. Berlin 1907, 93-106.

121. Krasser, Johann, Haftung für das Verhalten während der Vertragsverhandlungen. Die Entwicklung der Lehre von der „culpa in contrahendo" von Jhering bis heute, Diss. Erlangen 1929, Zirndorf 1929.

122. Kroppenberg, Inge, Die Plastik des Rechts. Sammlung und System bei Rudolf v. Jhering (Lectiones Inaugurales 11), Berlin 2015.
123. Kühnast, Ludwig, Jherings Definition des Rechts, in: Beiträge zur Erläuterung des deutschen Rechts 24=D.F.4 (1880), 153-170.
124. Kuntze, Johannes Emil, Zur Besitzlehre. Für und wider Rudolf von Jhering, Leipzig 1890 (ND Frankfurt/M. 1969).
125. Kuntze, Johannes Emil, Jhering, Windscheid, Brinz, Leipzig 1893.
126. Kunze, Michael, Jherings Jubiläum, in: M. Stolleis (Hg.), Die Bedeutung der Wörter. Studien zur europäischen Rechtsgeschichte (FS Sten Gagnér), München 1991, 1-13.
127. Kunze, Michael; Jherings Universalrechtsgeschichte. Zu einer unveröffentlichten Handschrift des Privatdozenten Dr. Rudolf Ihering, in: H. Mohnhaupt (Hg.), Rechtsgeschichte in den beiden deutschen Staaten (1988-1990). Beispiele, Parallelen, Positionen, Frankfurt am Main 1991, 151-186.
128. Kunze, Michael, Rudolf von Jhering. Ein Kampf für das Recht; Festvortrag aus Anlaß der Einhundertsten Wiederkehr des Todestags von Rudolf von Jhering (1818-1892), gehalten am 17. September 1992 in der Aula der Georg-August-Universität in Göttingen, Göttingen 1992.
129. Kunze, Michael, Rudolf von Jhering. Ein Lebensbild, in: siehe V. Nr. 15, 11-28.
130. Kunze, Michael, Rudolf von Jhering. Ein Forschungsbericht, in: siehe V. Nr. 174, 125-148.
131. Kunze, Michael, Der Student Jhering, in: G. Kohl u.a. (Hgg.), Festschrift für Wilhelm Brauneder zum 65. Geburtstag, Wien 2008, 251-268.
132. Kunze, Michael, Die doppelt verkaufte Ladung Koks. Erleuchtungen: Das Krisenerlebnis des Rechtswissenschaftlers Rudolf v. Jhering, in: FAZ v. 12.2.2010, Natur und Wissenschaft, S. N3.
133. Lacasta, José Ignacio, Savigny eta Iheringen artean (ez duzu Savignyren izena ahotan alferrik hartuko), in: Euskal Herriko legelarien aldizkaria 3 (1998), 94-98.
134. Landau, Peter, Il momento sostanziale del Diritto in Rudolph v. Jhering, in: Diritto e Filosofia nel XIX Secolo, 2002, 385–398.
135. Landsberg, Ernst, Jhering und Windscheid, in: Beilage zur Münchner Allg. Zeitung Nr. 278 v. 28.11.1892.
136. Lange, Harry, Die Wandlungen Iherings in seiner Auffassung vom Recht. Mit einem Geleitwort hg. von Hans Reichel, Berlin 1927.

137. Langemeijer, G. E., Jherings „Zweck im Recht“ im Lichte der seitherigen Wertlehren, in: siehe V. Nr. 292, 127-134.
138. Larenz, Karl, Rudolf von Jhering und die heutige Lage der deutschen Rechtswissenschaft, in: siehe V. Nr. 292, 135-141.
139. Lasson, Adolf, Rez zu: Der Zweck im Recht. Bd. 1, in: Philosophische Monatshefte 15 (1879), 146-155.
140. Lasson, Adolf, Rez zu: Der Zweck im Recht Bd. 2, in: Philosophische Monatshefte 21 (1885), 128-144.
141. Lécrivain, Ch., Rez. zu: O. de Meulenaere, Histoire du développement du droit romain de R. von Jhering, in: Revue Historique 83 (1902), 373.
142. Lécrivain, Ch., Rez. zu: Entwicklungsgeschichte des rœmischen Rechts; Einleitung; Verfassung des rœmischen Hauses by Rudolph von Jhering, in: Revue Historique 59 (1895), 386 f.
143. Lee, Chun-Tao, Jherings Eigentumsbegriff. Seine römischrechtlichen Grundlagen und sein Einfluss auf das BGB (Berliner Schriften zur Rechtsgeschichte 5), Baden-Baden 2015.
144. Leist, Alexander, Rudolf von Jhering. Zur 100. Wiederkehr seines Geburtstages, Göttingen 1919.
145. Leonhard, Rudolf, Ein Nachruf für Jhering und Windscheid, in: Die Zukunft 3 (Nr. 39/1893), 250-283.
146. Lipp, Martin, Rudolf Jhering. Die Begründung der modernen Rechtswissenschaft in Gießen, in: H. Carl (Hg.), Panorama 400 Jahre Universität Giessen. Akteure, Schauplätze, Erinnerungskultur, Frankfurt 2007, 92-96.
147. Lloredo Alix, Luis M., Rez. zu: Sobre el nacimiento del sentimiento jurídico von Rudolf von Jhering (con trad. y estudio preliminar de Federico Fernández-Crehuet), in: Derechos y Libertades 20 (2009), 285-294.
148. Lloredo Alix, Luis M., El positivismo jurídico como paradigma de pensamiento (a propósito de Rudolf von Jhering), in: Papeles de teoría y filosofía del derecho, 1/2010, 1-34.
149. Lloredo Alix, Luis M., Rez. zu: Pandektenvorlesung nach Puchta von Rudolf von Jhering (hg. von Christian Jäde), in: Derechos y Libertades 22 (2010), 271-279.
150. Lloredo Alix, Luis M., Rudolf von Jhering y el paradigma positivista. Fundamentos ideológicos y filosóficos de su pensamiento jurídico, Madrid 2012.
151. Lloredo Alix, Luis M., La lucha por el derecho como imperativo ético y político. Glosas a Rudolf von Jhering, in: Revista telemática de filosofía del derecho 15 (2012), 231-258.
152. Lloredo Alix, Luis M., Rudolf von Jhering: Nuestratarea (1857). En torno a la jurisprudencia de conceptos: surgimiento, auge y

declive, in: Eunomia. Revista en cultura de la legalidad 4 (2013), 234-275.

153. Lloredo Alix, Luis M., La recepción de Rudolf von Jhering en Europa: un estudio histórico comparado, in: Revista Telemática de Filosofía del Derecho 17 (2014), 203-250.

154. Lloredo Alix, Luis M., From Europe but beyond Europe: The Circulation of Rudolf von Jhering's Ideas in East Asia and Latin America (Max Planck Institute for European Legal History Research Paper Series 2016-11), verfügbar unter https://ssrn.com/abstract=2865719.

155. López Hernández, José, Introducción histórica a la filosofía del derecho contemporánea, Kapitel 2: Rudolf von Ihering: Formalismo y finalidad en el derecho, Murcia 2005, 35-60.

156. Losano, Mario G., Bibliografia di Rudolf von Jhering, Turin 1968 (siehe deutsch: V. Nr. 158).

157. Losano, Mario G., Un inedito di Rudolf von Jhering sulla tutela giuridica degli inediti, in: Rivista di diritto industriale 17 (Nr. 1/2), 1-21.

158. Losano, Mario G., Bibliographie Rudolf von Jherings, in: siehe V. Nr. 292, 252-302.

159. Losano, Mario G., Le concezioni politiche di Rudolf von Jhering in una lettera inedita a Heinrich von Treitschke, in: F. Cerutti (Hg.), Studi in memoria di Carlo Ascheri, Urbino 1970, 179-195.

160. Losano, Mario G., Dichtung und Wahrheit in Jherings Konstruktionslehre, in: siehe V. Nr. 292, 142–154.

161. Losano, Mario G., La teoria giuridica al bivio tra sistema e funzione, in: siehe IV. 127, XVII-LXVII.

162. Losano, Mario G./Bonazzi, Ermanno, Bibliografie di Jhering e Gerber, Mailand 1978.

163. Losano, Mario G., Bismarck parla di Savigny con Jhering, in: Quaderni fiorentini per la storia del pensiero giuridico modern 9 (1980), 523-539.

164. Losano, Maio G., Chiacchierata su di un romanista [Rudolf von Jhering], in: Sociologia del diritto 9 (1982), 161-168.

165. Losano, Mario G. (Hg.), Studien zu Jhering und Gerber (Abhandlungen zur rechtswissenschaftlichen Grundlagenforschung 55,2), Ebelsbach 1984.

166. Losano, Mario G., Il centenario della morte di Rudolf von Jhering (1818-1892), Mailand 1992.

167. Losano, Mario G., Una costellazione del firmamento giuridico viennese: Jhering, Glaser e Unger, in: Quaderni fiorentini per la storia del pensiero giuridico moderno 9 (1992), 97-138.

168. Losano, Mario G., Un'edizione delle lettere di Jhering a Windscheid, in: Quaderni fiorentini per la storia del pensiero giuridico moderno 11 (1992), 139-157.
169. Losano, Mario G., Tobias Barreto und die Rezeption Jherings in Brasilien, in: siehe V. Nr. 18, 77-96.
170. Losano, Mario G., Jherings Kampf ums Recht in der politischen Diskussion im Italien der dreissiger Jahre, in: Rechtstheorie 27 (1996), 515-538 (italienisch in: Materiali per una storia della cultura giuridica 29 (1998), 195-216.
171. Losano, Mario G., O pensamento de Jhering nos anos vienenses e a gênese da luta pelo direito, in: L. Prota (Hg.), Anais do 4° encontro de professores e pesquisadores da filosofia brasileira, Universidade Estadual de Londrina, Londrina (Paraná) 1996, 499-515.
172. Losano, Mario G., Prefazione - Cronologia della vita e delle opere di Rudolf von Jhering (Cadernos de Pós-Graduação em Direito. Estudos edocumentosde trabalho 29), São Paulo 2014.
173. Lucht, Dietmar, Rudolf von Jhering, Kämpfer für das Recht der Deutschen, in: Unser Ostfriesland Nr. 9, 1964.
174. Luf, Gerhard/Ogris, Werner (Hgg.), Der Kampf ums Recht. Forschungsband aus Anlaß des 100. Todestages von Rudolf von Jhering, Berlin 1995.
175. Luig, Klaus, Jherings Evolutionstheorie des Werdens des Rechts durch Tun und der gesellschaftliche Charakter des Privatrechts, in: siehe V. Nr. 14, 161-183.
176. Luig, Klaus, Everlasting Universality of Roman Law through the Eyes of Rudolph von Jhering (1818-1892), in: Fundamina 2 (1996), 11-27.
177. Luig, Klaus, Rudolf von Jhering und die historische Rechtsschule, in: siehe V. Nr. 18, 255-268.
178. Luig, Klaus, Recht zwischen Natur und Geschichte. Das Beispiel Rudolf von Jhering, in: F. Kervégan (Hg.), Recht zwischen Natur und Geschichte. Le droit entre nature et histoire (Ius commune Sonderhefte, Studien zur europäischen Rechtsgeschichte 100), Frankfurt am Main 1997, 281-303.
179. Luig, Klaus, Zur Bedeutung der Psychologie in Jherings Lehre vom Rechtsgefühl, in: M. Schmoeckel (Hg.), Psychologie als Argument in der juristischen Literatur des Kaiserreichs (Rheinische Schriften zur Rechtsgeschichte 11), Baden-Baden 2009, 209-214.
180. M., J., Rudolph von Jhering, in: Journal of the Society of Comparative Legislation 9 (1908), 9.

181. Mamut, Leonid, Rudolf von Jhering und Wladimir Lenin. Parallelen in ihrem politischen und rechtlichen Denken, in: siehe V. Nr. 18, 111-118.

182. Mantello, Antonio, Das Jhering-Bild zwischen Nationalsozialismus und Faschismus. Die Analyse eines ideologischen Vorgangs, in: siehe V. Nr. 18, 119-152.

183. Marini, Giuliano, La storicità del diritto e della scienza giuridica nel pensiero di Jhering, in: siehe V. Nr. 292, 155-164.

184. Marini, Giuliano, Teoria e pratica nelle Vermischte Schriften di Jhering, in: Index, quaderni camerti di studi romanistici 2 (1971), 157-165.

185. Martinek, Michael, Rudolf v. Jherings Kampf gegen das Trinkgeld, in: H. Lange u.a. (Hgg.), Festschrift für Joachim Gernhuber zum 70. Geburtstag, Tübingen 1993, 879-903.

186. Martinek, Michael, The Life and Works of Rudolph von Jhering, in: Archives for Legal Philosophy and Sociology of Law/Archiv für Rechtsphilosophie und Rechtssoziologie, Peking University Press 7 (2005), 317-340 (in chinesischer Sprache).

187. Martinek, Michael/Poczobut, Jerzy, Rudolf von Jhering (1818 -1892), Leben und Werk, in: Kwartalnik Prawa Prywatnego 18 (1/2009) (in polnischer Sprache), 5-35.

188. Martinek, Michael, Rudolf von Jhering (1818 – 1892) – Leben und Werk eines gro8en deutschen Juristen, in: Pravni Zapisi – Casopis Pravnog fakulteta Univerziteta Union u Beogradu/Legal Records – Union University Law School Review Belgrade 2 (1/2011), 5-31.

189. Martínez Sarrión, Ángel, Si ha muerto Ihering, vive en sus obras. Apostillas a un centenario, in: Seminarios complutenses de Derecho romano 4 (1992), 11-47.

190. McLaughlin, Joseph M., The Unification of Germany: What Would Jhering Say?, in: Fordham international law journal 17 (1994), 277-293.

191. Mecke, Christoph-Eric, Objektivität in Recht und Rechtswissenschaft bei G.F. Puchta und R. v. Jhering, in: Archiv für Rechts- und Sozialphilosophie 94 (2008), 147-168.

192. Mecke, Christoph-Eric, Puchtas und Jherings Beiträge zur heutigen Theorie der Rechtswissenschaft, in: Archiv für Rechts- und Sozialphilosophie 95 (2009), 540-562.

193. Mecke, Christoph-Eric, Rudolf von Jhering. Anonym publizierte Frühschriften und unveröffentlichte Handschriften aus seinem Nachlaß. Mit Textsynopsen, Erläuterungen und werkgeschichtlicher Einordnung (Beiträge zu Grundfragen des Rechts 5), Göttingen 2010.

194. Merkel, Adolf, Rudolf von Ihering mit einem Portrait, in: Jherings Jahrbücher für die Dogmatik des bürgerlichen Rechts, 32=N.F. 20 (1893), 6-40.

195. Merz, Hans, „Der Kampf ums Recht". Hundert Jahre nach Jhering, in: J. P. Müller (Hg.): Recht als Prozeß und Gefüge (FS Hans Huber), Bern 1981, 81-92.

196 a. Mitteis, Ludwig, Jhering, Rudolf, in: Bayerische Akademie der Wissenschaften München/Historische Kommission (Hg.), Allgemeine deutsche Biographie Bd. 50, 2. Aufl. Berlin 1971 [zuerst 1905], 652-664.

196 b. Von demselben auch: Rudolph von Jhering, in: Allgemeine Österreichische Gerichts-Zeitung 43 (1892), 337 f.

197. Modéer, Kjell Å., Jherings Rechtsdenken als Herausforderung für die skandinavische Jurisprudenz, in: siehe V. Nr. 18, 153-174.

198. Möller, Cosima, Symposion über Rudolf von Jhering, in: ZRG (RA) 111 (1994), 769-775.

199. Mollnau, Karl A., Rez. zu: Scherz und Ernst in der Jurisprudenz, unveränderter reprografischer Nachdruck der 13. Auflage by Rudolf von Jhering, in: Archiv für Rechts- und Sozialphilosophie 76 (1990), 571-572.

200. Müller, Volker, Rudolf von Jherings Untersuchung der Umgangsformen, Diss. Saarbrücken 1985.

201. Museumsverein Aurich/Ostfriesland, Hier ward geboren … Rudolf von Jhering (1818 - 1892), Begleitheft zur Sonderausstellung im Historischen Museum Aurich 20. Februar bis 9. Mai 1993, Aurich 1993.

202. N.N., Rudolf von Jhering und seine Zeit. Ein internationales Symposium über den großen ostfriesischen Juristen, in: Der Deichwart 1968, Nr. 49.

203. N.N., Ostfriese stritt für reales Recht. Vor 80 Jahren starb der Rechtslehrer Rudolf von Jhering, in: Der Deichwart 1972, Nr. 10.

204. Nalbandian, Elise, Introductory concepts on Sociological Jurisprudence: Jhering, Durkheim, Ehrlich, in: Mizan Law Review 4 (2010), 348-354.

205. Neuhaus, H., Ihering oder Jhering?, in: Juristenzeitung 9 (1954), 647 f.

206. Nishimura, Shigeo, Jherings verfassungspolitische Ratschläge an die japanische Regierung und die Verleihung des Ordens, in: siehe V. Nr. 18, 97-110.

207. Oestmann, Peter, Direito, forma e liberdade. Reflexões sobre uma frase de Rudolph von Jhering, in: R. M. Fonseca/A. C. L. Seelaender (Hgg.), História do direito em perspectiva. Do Antigo Regime à Modernidade, Curitiba 2009 (4. Nachdruck 2012), 95-117.

208. Olivecrona, K., Jherings Rechtspositivismus im Lichte der heutigen Wissenschaft, in: siehe V. Nr. 293, 165-176.
209. Pannarale, Luigi, Gratuità ed interesse. Un saggio di Jhering su „La mancia“, in: Politica del diritto 3/1998, 535 ff.
210. Pasini, Dino, Saggio sul Jhering (Pubblicazioni dell'Istituto di Filosofia del Diritto dell'Università di Roma, 14), Mailand 1959.
211. Pasini, Dino, Jhering e il suo tempo, in: Jus 12 (1961), 87-120.
212. Pasini, Dino, La sociologia interna di Jhering, in: siehe V. Nr. 293, 177-191.
213. Paulson, Stanley L., Rez. zu: Der Briefwechsel zwischen Jhering und Gerber by Mario G. Losano; Studien zu Jhering und Gerber by Mario G. Losano, in: The American Journal of Comparative Law 37 (1989), 171-179.
214. Pietscher, August, Jurist und Dichter. Versuch einer Studie über Ihering's Kampf um's Recht und Shakespeare's „Kaufmann von Venedig“; ein Vortrag (Sammlung gemeinverständlicher Vorträge und Abhandlungen wissenschaftlichen Inhalts in zwangloser Folge 5), Dessau 1881.
215. Pleister, Wolfgang, Persönlichkeit, Wille und Freiheit im Werke Jherings (Münchener Universitätsschriften/Juristische Fakultät 51), Ebelsbach 1982.
216. Pólay, Elemér, Beiträge zu Jherings Besitztheorie, in: siehe V. Nr. 293, 192-205.
217. Pólay, Elemér, Jherings Besitztheorie und die ungarischen privatrechlichen Kodifizierungsversuche, in: W. G. Becker u.a. (Hgg.), Sein und Werden im Recht. (FS Ulrich von Lübtow), Berlin 1970, 627-648.
218. Pólay, Elemér, Jhering birtóktana és a magyar jogi romanisztika (Acta Universitatis Szegediensis de Attila József Nominatae: Acta iuridica et politica/József Attila Tudományegyetem 16, 3), Szeged 1969.
219. Posada, Adolfo G., Ihering, in: Revista General de Legislación y Jurisprudencia 81 (1892), 225-245.
220. Poschinger, Heinrich von (Hg.), Otto Fürst von Bismarck und Rudolf von Jhering. Aufzeichnungen und Briefe, Berlin 1908.
221. Procchi, Federico, Rudolf von Jhering: gli obblighi precontrattuali di (auto) informazione e la presunzione assoluta di „culpa” in capo al „venditor”, in: Teoría e storia del diritto private 3/2010, 1-39.
222. Procchi, Federico, ‚Licet emptio non teneat‘. Alle origini delle moderne teoriche sulla cd. ‚culpa in contrahendo‘ (L'arte del diritto 21), Padua 2012.

223. Rabello, Alfredo Mordechai, The theory concerning Culpa in Contrahendo (Precontractual Liability): from Roman Law to Modern German Legal System. A hundred years after the death of Jhering, in: ders. (Hg.), European Legal Traditions and Israel, Jerusalem 1994, 69-154.

224. Rabello, Alfredo Mordechai, La base romanistica della teoria di Rudolph von Jhering sulla Culpa in contrahendo, in: FILÌA. Scritti per Gennaro Franciosi, Bd. III, Neapel 2007, 2175-2204.

225. Rabello, Alfredo Mordechai, Il principio della buona fede precontrattuale: la base romanistica della teoria di R. von Jhering sulla culpa in contrahendo, in: Fernando Reinoso Barbero (coord.), Principios generales del Derecho. Antecedentes históricos y horizonte actual, Madrid 2014, 471-494.

226. Radbruch, Gustav, Vorwort zu einer geplanten Ausgabe von R. v. Jherings Schrift: Der Kampf ums Recht, in: E. Schmidt (Hg.), Eine Feuerbach-Gedenkrede sowie drei Aufsätze aus dem wissenschaftlichen Nachlaß, Tübingen 1952.

227. Ranieri, Filippo, Rez. zu: R. von Jhering, Ist die Jurisprudenz eine Wissenschaft?, Jherings Wiener Antrittsvorlesung vom 16. Oktober 1868, Aus dem Nachlaß herausgegeben und mit einer Einführung, Erläuterungen sowie einer wissenschaftsgeschichtlichen Einordnung versehen von O. Behrends. Wallstein, Göttingen 1998, in: ZRG (GA) 118 (2001), 735-739

228. Rapone, Vincenzo, Der Zweckbegriff im Werk Rudolf von Jherings, in: JJZg 13 (2012), 140-165.

229. Reichel, Hans, Geleitwort, in: Die Wandlung Jherings in seiner Auffassung vom Recht von Harry Lange, Hamburg 1927.

230. Reinhardt, Arndt-Peter, Große friesische Rechtsdenker: Rudolf von Ihering, in: W. Reinhardt/F. Czoska (Hgg.), Justiz an der Jade. Festschrift zur Einweihung des Erweiterungs- und Umbaues des Amtsgerichts Wilhelmshaven, 1985, 515-530.

231. Ricciardi, Maurizio, Tra violenza e norma. Rudolf von Jhering e il diritto della società, in: Giornale di Storia Costituzionale 18 (2009), 112-133.

232. Rivier, Alphonse, Rudolf von Jhering and Bernhard Windscheid, in: Juridical Review 5 (1893), 1-12.

233. Rodriguez Paniagua, Jose Maria, Rudolf von Ihering, in: Anuario de filosofía del Derecho 4 (1987), 249-270.

234. Rückert, Joachim (2003), Rudolf von Jhering (1818-1892) Professor, in: J. Rückert (Hg.), Niedersächsische Juristen. Ein historisches Lexikon mit einer landesgeschichtlichen Einführung und Bibliographie, Göttingen 2003, 209-234.

235. Rückert, Joachim, Der Geist des Rechts in Jherings „Geist“ und Jherings „Zweck“, in: Rg 5 (2004), 128-149 und Rg 6 (2005), 122-142.
236. Rückert, Joachim, Rudolf von Jhering (1818 bis 1892) – ein ostfriesischer Niedersachse in den Fesseln der Metaphysik, in: Juristische Studiengesellschaft Hannover (Hg.), Rechtsleben in Hannover. 50 Jahre Juristische Studiengesellschaft, Halle 2016, 193-224.
237. Rümelin, Max, Rudolf von Jhering. Rede gehalten bei der akademischen Preisverteilung am 6. November 1922, Tübingen 1922.
238. Saathoff, Albrecht, Ostfriesische Lebensbilder 3. Rudolf von Jhering, in: Heimatkunde und Heimatgeschichte. Beil. zu: Ostfriesische Nachrichten (6; 7) 1957.
239. Salgado Ramirez, Catalina, Consideraciones históricas Acerca de la responsablidad precontractual antes de Rudolf von Jhering; Aproximacion doctrinal, in: Revista de Derecho Privado 22 (2012), 277-298.
240. Sanio, Friedrich Daniel, Rudolf von Jhering, der Kampf um‘s Recht, in: Jenaer Literaturzeitung 2 (1875), 210-226.
241. Sartori, Guido, Rudolf von Jhering – Vater der teleologischen Jurisprudenz, Saarbrücken 2014.
242. Schafer, Burkhard/Voyatzis, Panagia, „The End of the Law is Peace. The Means to this End is War“: Jhering, Legal Education and Digital Visualisation, in: E. Schweighofer u.a. (Hgg.), Zeichen und Zauber des Rechts (FS Friedrich Lachmayer), Bern 2014, 127-151.
243. Schanze, Erich, Culpa in contrahendo bei Jhering, in: Ius commune 7 (1979), 326-358.
244. Schelsky, Helmut, Das Jhering-Modell des sozialen Wandels durch Recht, in: Jahrbücher für Rechtssoziologie und Rechtstheorie 3 (1972), 47-86.
245. Schild, Wolfgang, Der rechtliche Kampf gegen das Unrecht. Reflexionen zu Rudolf von Jherings Vortrag „Der Kampf ums Recht“, in: siehe V. Nr. 174, 31-56.
246. Schmidt, Folke, Jherings Tradition im schwedischen Sachenrecht, in: siehe V. Nr. 293, 206-210.
247. Schmidt, Karsten, Jherings Geist in der heutigen Rechtsfortbildung. Ein Streifzug durch den „Geist des römischen Rechts“ aus heutiger Sicht, in: siehe V. Nr. 18, 201-221.
248. Schober, Reinhold, Die Rechts- und Staatsphilosophie Jherings in ihrem geschichtlichen Zusammenhang, Diss. Berlin 1933.
249. Schröder, Jan, Rudolf von Jhering, in: G. Kleinheyer/ders. (Hgg.), Deutsche und europäische Juristen aus neun Jahrhunderten. Eine

biographische Einführung in die Geschichte der Rechtswissenschaft, 4. Aufl. Heidelberg 1996, 220-227.
250. Schroeder, Klaus-Peter, Rez. zu: Der Briefwechsel zwischen Jhering und Gerber, in: NJW 1987, 1540.
251. Schuch, Hermann, Kant, Schopenhauer, Ihering. Die Gedankenmotivation als Problem der Willensfreiheit, München 1907.
252. Schultz, Hermann, Rede am Sarge des Geheimen Oberjustizsrates Professors Dr. Rudolf von Jhering gehalten am 20. September 1892, Göttingen 1892.
253. Schwartz, E., Literarische Charakterbilder II: Rudolf von Jhering, in: Juristisches Literaturblatt 3 (1891), 65-69.
254. Schweitzer, Doris, Soziologische Rationalitäten im Recht. Rudolf von Jhering gelesen mit François Ewald, in: W. Gephart/J. C. Suntrup (Hgg.), Rechtsanalyse als Kulturforschung II (Schriftenreihe des Käte-Hamburger-Kollegs „Recht als Kultur" 9), Frankfurt 2015, 35-58.
255. Seagle, William, Rudolf von Jhering: or law as a means to an end, in: University of Chicago Law Review 13 (1945/1946), 71-89.
256. Seibert, Claus, Akademische Rechtsgutachten und Rudolf v. Jhering, in: Juristenzeitung 20 (1965), 354-355.
257. Seinecke, Ralf, Methode und Zivilrecht beim „Begriffsjuristen" Jhering (1818-1892), in: J. Rückert/Ders. (Hgg.), Methodik des Zivilrechts von Savigny bis Teubner, 2. Aufl. Baden-Baden 2012, 123-150.
258. Seinecke, Ralf, Rudolf von Jhering anno 1858. Interpretation, Konstruktion und Recht der sog. „Begriffsjurisprudenz", in: ZRG 130 (2013), 238-280.
259. Smith, Munroe, Four German Jurists. Bruns, Windscheid, Jhering, Gneist, in: Political Science Quarterly 10 (1895), 664-692, Teil II in: Political Science Quarterly 11 (1896), 278-309, Teil III in: Political Science Quarterly 12 (1897), 21-62.
260. Smith, Munroe, Rez. zu: Law as a Means to an End by Rudolph von Ihering, übersetzt von Isaac Husik, in: Columbia Law Review 15 (1915), 471 f.
261. Somek, Alexander, Die Kaserne des Egoismus. Jherings Generalogie der Moralität, in: siehe V. Nr. 174, 31-56.
262. Somek, Alexander, Legal Formality and Freedom of Choice. A Moral Perspective on Jhering's Constructivism, in: Ratio Juris 15 (2002), 52-62.
263. Sommer, Hugo, Rudolf von Jherings Theorie des gesellschaftlichen Utilitarismus, in: Preußisches Jahrbuch 54/55 (1884/85), 28–57.

264. Sonnekus, J. C./Martinek, Michael, Rudolf von Jhering (1818-1892) - Lewe en Werk van 'N Groot Duitse Juris en sy Invloed Ook Op die Suid-Afrikaanse Reg, in: Fundamina 16 (2010), 147-185.
265. Sonnekus, J. C., Sessie van die Rei Vindicatio Anderhalf Eeu na Jhering, in: Journal of South African Law 2011, 302-325.
266. Stölzel, Adolf, Jhering und der Juristentag. Eine Erinnerung an des Juristentags Frühlingszeit, in: Deutsche Juristenzeitung (Nr. 16/17) 15 (1910), Sp. 903-909.
267. Stolzenau, Martin, Rudolf von Ihering – weltberühmter Sohn einer ostfriesischen Juristenfamilie, in: Heimat am Meer. Wilhelmshavener Zeitung, 2008, 21.
268. Sturm, Fritz, Rudolf von Jhering: Scienza ed insegnamento nel diritto romano, in: Studi senesi 1 (1971), 23-56.
269. Sturm, Fritz, Brennpunkte einer Elipse: Savigny und Jhering, in: H. Baltl (Hg.), Drei Vorträge zum Privatrecht (Grazer rechts- und staatswissenschaftliche Studien 59), Graz 2001, 30-54.
270. Süß, Thorsten, Wer war eigentlich … Rudolf von Jhering?, in: Ad Legendum 7 (2010), 151 f.
271. Summers, Robert S., Rudolf von Jhering's influence on american legal theory. A selective account, in: siehe V. Nr. 18, 61-76.
272. Szászy-Schwarz, Gusztáv, Rodolphe Jhering et son oeuvre, Budapest 1913.
273. Szászy-Schwarz, Gusztáv, Rudolf von Jhering und sein nächstes Buch. Ein zeitgenössisches Essay des „Ungarischen Jhering", in: siehe V. Nr. 15, 49-56.
274. Treves, Renato, La fortuna di Jhering in Italia e la cultura antifascista, in: Sociologia del diritto 4 (1977), 453-457.
275. Turco, Claudio, Das negative Interesse aus culpa in contrahendo: Wahrheit und Verzerrung der Theorie von Jhering im deutschen und im italienischen Rechtssystem, in: E. Jayme/H.-P. Mansel/T. Pfeiffer (Hgg.), Vertragliche Haftung, Schadensrecht, Europäisches Wirtschaftsstrafrecht (Jahrbuch für Italienisches Recht 20), Heidelberg 2007, 17-35 (ital.: L'interesse negativo nella culpa in contrahendo [verità e distorsioni della teoria di Jhering nel sistema tedesco e italiano]), in Riv. dir. civ., 2007, 165 ff.).
276. Unruh, Georg Christoph von, Rudolf von Jhering und seine Bedeutung. Ein Kämpfer ums Recht, in: Der Deichwart 1956, Nr. 187.
277. van Hoecke, M., Rez. zu: R. von Jhering, Ist die Jurisprudenz eine Wissenschaft?, Jherings Wiener Antrittsvorlesung vom 16. Oktober 1868, Aus dem Nachlaß herausgegeben und mit einer Einführung, Erläuterungen sowie einer wissenschaftsge-

schichtlichen Einordnung versehen von O. Behrends. Wallstein, Göttingen 1998, in: Tijdschrift voor Rechtsgeschiedenis 68 (2000), 599-601.
278. Vano, Cristina, Il Grand Tour del giurista. Spunti per una riflessione sull'Italia di Rudolf von Jhering, in: Index 23 (1995), 193-214.
279. Vano, Cristina, Itinerari italiani di Rudolf von Jhering, in: siehe V. Nr. 15, 121-126.
280. Vergara Lacalle, Oscar, El destinatario de las normas jurídicas en la tradición positivista. Un estudio en torno a R. von Jhering, in: J. J. Moreso (Hg.), Legal Theory. Legal Positivism and Conceptual Analysis; proceedings of the 22nd IVR World Congress, Granada 2005 (Archiv für Rechts- und Sozialphilosophie Beiheft 106), Bd. 1, Stuttgart 2007, 220-231.
281. Viehweg, Theodor, Rechtsdogmatik und Rechtsethik bei Jhering, in: siehe V. Nr. 293, 211-216.
282. Villey, Michel, Le droit subjectif chez Jhering, in: siehe V. Nr. 293, 217-227.
283. Wagner, Gerhard, Rudolph von Jherings Theorie des subjektiven Rechts und der berechtigenden Reflexwirkungen, in: AcP 193 (1993), 319-347.
284. Walder, Rudolf, Das Wesen der Gesellschaft bei Adam Smith und Rudolf von Ihering. Zur Geschichte des rechtsphilosophischen und soziologischen Positivismus, Diss. Kiel 1943.
285. Walz, Gustav Adolf, Rez. zu: Die Wandlungen Jherings in seiner Auffassung vom Recht von Harry Lange, in: Archiv für Rechts- und Wirtschaftsphilosophie 21 (1928), 590-593.
286. Weiß, Hanns-Dietrich, Zum 150. Geburtstag Rudolf v. Iherings, in: JR 1968, 329-331.
287. Wertenbruch, Wilhelm, Versuch einer kritischen Analyse der Rechtslehre Rudolf von Iherings (Neue Kölner rechtswissenschaftliche Abhandlungen, H. 4), Berlin 1955.
288. Whitman, James Q., Jhering Parmis les Français, in: O. Beaud (Hg.), La science juridique française et la science juridique allemande de 1870 à 1918. Actes du colloque organisé à la Faculté de Droit de Strasbourg les 8 et 9 décembre 1995, Strasbourg 1997, Presses Univ. de Strasbourg (Annales de la Faculté de Droit de Strasbourg, 1), 151-164.
289. Wieacker, Franz, Rudolf von Jhering. Eine Erinnerung zu seinem 50. Todestage, Leipzig 1942 [Nachdruck Stuttgart 1968].
290. Wieacker, Franz, Rudolf von Jhering (1818-1892), in: H. Heimpel u.a. (Hgg.), Die großen Deutschen Bd. 5, Berlin 1957, 331-340.

291. Wieacker, Franz, Rudolph von Jhering, in: ZRG (RA) 86 (1969), 1-36.

292. Wieacker, Franz/Wollschlaeger, Christian (Hgg.), Jherings Erbe. Göttinger Symposium zur 150. Wiederkehr des Geburtstags von Rudolf von Jhering, Göttingen 1970.

293. Wieacker, Franz, Jhering und der „Darwinismus“, in: G. Paulus u.a. (Hgg.), FS Karl Larenz, München 1973, 63-92.

294. Wieland, Karl, Andreas Heusler und Rudolf von Ihering. Gedenkrede anlässlich der Feier von Andreas Heuslers 100jährigen Geburtstag (30. Sept. 1934), Basel 1935.

295. Wilhelm, Walter, Das Recht im römischen Recht, in: siehe V. Nr. 293, 228-239.

296. Wilhelm, Walter, Jherings Lehre vom abstrakten Privatrecht, in: G. Antalffy (Hg.), Einzelne Probleme der Rechtsgeschichte und des römischen Rechts. Referate der Internationalen Arbeitskonferenz für Rechtsgeschichte und Römisches Recht (Szeged 18 - 20. Sept. 1969) [Szegedi József Attila Tudományegyetem Állam-és Jogtudományi Kara] (Acta Universitatis Szegediensis de Attila József nominatae, T. 17), Szeged 1970, 151-164.

297. Wilhelm, Walter, Zur Theorie des abstrakten Privatrechts. Die Lehre Jherings, in: ders. (Hg.) Studien zur europopäischen Rechtsgeschichte (FS Coing), Frankfurt 1972, 265-287.

298. Wolf, Erik, Rudolf von Jhering, in: Ders., Große Rechtsdenker der deutschen Geistesgeschichte, 4. Aufl. Tübingen 1963, 622-668.

299. Zitelmann, Ernst, Rudolf von Jhering. Nachruf, in: Münchner Allgemeine Zeitung, Beilage Nr. 234 v. 15.9.1892.

300. Zweigert, Konrad, Jherings Bedeutung für die Entwicklung der rechtsvergleichenden Methode, in: siehe V. Nr. 293, 240-251.

301. Zweigert, Konrad/Siehr, Kurt, Jhering's Influence on the Development of Comparative Legal Method, in: The American Journal of Comparative Law 19 (1971), 215-231.

VI. Festschriften für Jhering

Baron, Julius, Peregrinenrecht und ius gentium. Festschrift zum fünfzigjährigen Doktorjubiläum von Rudolf von Jhering am 6. August 1892 dargebracht von Julius Baron, Leipzig 1892.

Bekker, Ernst Immanuel, Ernst und Scherz über unsere Wissenschaft. Festgabe an Rudolf Ihering zum Doctorjubiläum, Leipzig 1892.

Festgabe Rudolf von Jhering zu seinem Doctor-Jubiläum. Überreicht von der Staatswissenschaftlichen Fakultät zu Strassburg, Strassburg 1892.

Festgabe der Göttinger Juristen-Fakultät für Rudolf von Jhering zum 50jährigen Doktor-Jubiläum am 6. August 1892, Leipzig 1892 (Nachdruck Aalen 1970).

Festgabe Herrn Rudolf von Jhering zum Doktorjubiläum am 6. August 1892. Dargebracht von der Juristenfakultät zu Tübingen, Tübingen 1892 (Nachdruck Aalen 1979).

Festgabe zum Doctor-Jubiläum des Herrn Geheimen Justizraths und Professors Dr. Rudolf von Jherings am VI. August MDCCCLXXXXII. Überreicht von der Juristenfacultät zu Breslau, Breslau 1892 (Nachdruck Aalen 1979).

Festgabe Rudolf von Jhering zum 6. August 1892 gewidmet von der Gießener Juristischen Fakultät, Leipzig 1892 (Nachdruck Aalen 1973).

Festgabe der Kieler Juristen-Fakultät zu Rudolf v. Jherings fünfzigjährigem Doktor-Jubiläum am 6. August 1892, Kiel 1892 (Nachdruck Frankfurt/Main 1987).

Zweckvermögen und Genossenschaft. Festschrift. Rudolf v. Jhering zur Feier seines 50jährigen Doktorjubiläums am 6. August 1892, überreicht von Gustav Rümelin, Freiburg 1892.

Zeitfracht Medien GmbH
Ferdinand-Jühlke-Straße 7
99095 Erfurt, Deutschland
produktsicherheit@kolibri360.de